掰掰戀愛腦

玲瓏姐 著

目錄

Part 1 完美關係第一步：排雷

Part 2 相處的黃金準則，你記住了嗎？

Part 3 推開這扇門，蛻變成全新的你

Part 4 在愛情的十字路口，做對重要的決定

Part 5 當愛情的警鐘被敲響

Part 6 什麼！你還沒有男朋友

Part 1
完美關係第一步：排雷

1 現任的前任

「現任的前任女友」這個頭號危險人物，總是能輕易觸動女人們最敏感的神經，讓她們想要對其不屑一顧，卻又按捺不住骨子裡的好奇，想要瞭解。毫不誇張地說，如果把她們在這方面的心路歷程寫成一本書，將會成為文學兼心理學領域的又一部力作。

對於各種提防現任的前任女友的行為，有人理解為吃醋，有人說是因為小心眼，還有人說是因為沒有自信。這事情沒那麼簡單。客觀地說，在我們還未出現在他生命裡的時候，那個人已經陪伴他走過了人生的一段旅程。是那個人讓他成為了現在的他，當然也是更好的他。如此理解，我們應對他的前任女友懷著感恩之心。但現實中，能如此善待對方的前任女友、寬恕過往的大神，真的少之又少。說個我身邊的故事。

一天凌晨一點半，我接到瘋狂的閨密 Lily 的「午夜凶鈴」，她帶著哭腔急不可耐地訴說了她不幸的「遭遇」。

原來，那段時間她迷戀上了微信運動的排行榜，因為從未出過前五名而得意不已，但她的呆瓜男友卻從未給她點過一次讚。

Lily 是個性格較為偏激的女人，有時候甚至固執得猶如磐石。晚上趁男友睡著，她不顧罪惡感，拿著他的手機跑到衛生間巴巴地給自己點讚，給自己點完不過癮，還惡作劇般地給其他熟悉的頭像也一頓狂點。正暗自竊喜呢，突然發現有個頭像不對勁，放大仔細一看，心頓時涼了半截，原來那是男友的前任女友。Lily 瞬間怒火中燒，不是說聯繫方式已經刪了嗎？為什麼還是好友？氣憤過後，出於好奇，她把這女人的朋友圈從頭到尾翻遍，不翻還好，這一翻讓她的情緒徹底失控。

男友前任女友那燦爛的笑臉，他們曾經有過的各種情節，完全戳中了 Lily 脆弱的神經。儘管明知他們已經沒有聯繫，男友也很愛自己，但她還是止不住地傷心難過。

聽完 Lily 哭訴，我回道：「你跑個步，做會兒瑜伽，轉移一下視線，幹嗎想不開，自尋煩惱呢？」

Lily 憤憤回應：「我要是不去點讚，會發現他這個前任女友的存在嗎？」

一時，我竟無言以對。

對他的前任女友保持理智？我真的做不到！

其實像 Lily 這樣好奇害死貓的女人大有人在，陷入這種好奇也是每一個戀愛中女孩的慣常狀態。在好奇心驅使下，她們能分分鐘福爾摩斯附體，為了「真相」，循著蛛絲馬跡，就算掘地三尺也在所不惜！

站在 Lily 的角度，我非常能理解她對男友前任女友的那種痛苦、糾結、憤怒的複雜情緒。我們不是聖人，儘管也很努力對自己說：「沒關係，他們是過去式，我才是現在進行式，過去的不能改變，而我會和他一起創造出更多美好的未來。」然而總是事與願違。我們根本壓制不住內心瘋漲的猜疑和嫉妒，它們總是在剛剛平息後又捲土重來，衝破我們的情感防線。我們越想反抗，越希望前任女友對我與男友的感情無法產生任何影響，就越會深刻地體會到——真的做不到。

那些只屬於他們的回憶，那些相伴的時光，那些對她的愛、為她全心全意做的事，都會烙在他心裡。不管現在的我們做了什麼，那些過去都真實存在，愛過的痕跡永遠也抹不去。

情感大師們總說愛情是自私的，自私到想要占有對方的全部，所以對女人們來說，男友便是自己的領地，由不得前任女友這種令人討厭的生物前來搗亂。這種不讓人侵犯的占有欲，除了是我們熟知的多巴胺在作怪之外，還有嫉妒心的作用。

為何會嫉妒？只有當一個人的優越感被侵犯，在極度沒有安全感的情況下，才會釋放出強烈的嫉妒信號，而前任女友的出現，恰恰讓我們處在這樣的情境中。

人是感情的動物，女人們必然會忌諱他們曾積累的感情，害怕男友前任女友梨花帶雨似的勾搭。畢竟，在感情面前，再堅韌的男人也會示弱三分，坐懷不亂的真君子也越來越少了。也正是因此，男友的前任女友才成了女人們的死穴。

這樣一說，大家就不難理解女人們為何會把現任的前任女友定義為「唯恐天下不亂之人」了吧？

得不到的永遠在騷動

心理學家布林瑪・蔡格尼克（Bluma Wulfovna Zeigarnik）出身於立陶宛的一個猶太人家庭，一九二七年開始在德國柏林大學學習，她是莫斯科大學心理學系和俄羅斯精神病理學研討會的聯合創始人。

有一天，蔡格尼克在維也納一家餐廳裡發現了一件有趣的事：餐廳裡的服務生似乎只有在上菜的時候，才能想得起客人們繁雜的菜單，如果客人的菜都上齊了，服務生一般就再也無法想起他們點了什麼。蔡格尼克為了驗證心中的猜想，展開了一系列實驗。經過多年研究，她總結：比已經完成的事情，人們對那些未完成的事情有更深刻的記憶。這便是著名的「蔡格尼克效應」。

人們與生俱來就有一種「完成欲」，潛意識中有著做事要有始有終的驅動力，有的人甚至一日之事未完，就不得解脫。這正如蔡格尼克效應中所闡釋的——人之所以會忘記已經完成的事情，是因為對事情的完成欲得到了滿足，而對還沒有完成的工作，就會留下深刻的印象。比如〈關雎〉裡我們耳熟能詳的那句「窈窕淑女，寤寐求之。求之不得，寤寐思服」，和歌詞裡唱的「得不到的永遠在騷動」（陳奕迅的〈紅玫瑰〉），生動地描述了人們對還未得到的人或事物日夜期盼、夢寐以求的虐心之感。

回到上面所講的 Lily 的男友，對他來說，前任女友就是一件「不成功的」、「沒能如願的」、「還未完成的」事情。在這段未成功的戀情中，與戀人一起花前月下、卿卿我我的美好時光和點滴細節，會深深地印在他腦海中。這段感情的未完成性使他久久難以忘懷。如果這位前任女友還是他的初戀的話，記憶就更刻骨銘心，才會有人說：「愛情虐你千萬遍，始終難忘是初戀。」所以說，很多時候，其實不是說他還有多在乎前任女友，而只是人性本能地流露而已，就像你的前任男友在你心中始終有個位置一樣，你的現任只是沒你那麼決絕罷了。

從某種程度上來講，這種「未完成感」其實也不完全是壞事，因為它會激起人強烈的心理擴張情緒，驅使他為了完成目標而努力。比如說在上一段感情中，他犯了很多錯，做了很多令自己後悔的事情，輸得很慘，與你在一起後，他就會引以為戒，總結經驗，努力改變自己、完善自己，以便給你更好的情感和婚姻。

這麼一想，你還得感激他的前任女友，因為正是她或她們把眼前的這個男人打磨成現在你喜歡的樣子。

讓往事都隨風……

我們一生當中總會有很多「前任」，比如前老闆、前閨密、前同事、前男友等。這些前任帶給我們的感覺大部分是不痛不癢的，當然，偶爾我們也會感傷光陰似箭，歎息物是人非，感慨世事無常。這些感悟通常都不像對現任的前任女友那般，會帶給我們難以言喻的苦楚。這種苦楚源於我們容不得半粒沙子的眼睛，和對感情吹毛求疵。有的女孩會抱怨男友，為什麼要與前女友相識相愛，而不能等她出現之後，直接與她相愛；有的男孩與前女友只是普通朋友之間的正常交往，女孩卻會因為一個微不足道的舉動，憤怒到覺得必須好好教訓；還有的女孩會好奇地四處打探男友與前女友之間的各種私密故事，到頭來知道得越多，受傷也越深……

如果你的他對前任女友並沒有特殊的情愫和渴望，那麼請你善良一些、寬容一些、淡定一些，這既是善待愛人，也是善待自己。請給你的愛人一點時間和空間，讓他在你溫暖貼心的滿滿愛意之中，將存在於心底某個角落的前任女友，一點點淡忘。請給你自己一點時間和空間，沒必要與那些已經屬於過去的人為敵，更沒有必要挖空心思去翻多年前的舊帳來懲罰自己。要知道，當你總是沉迷於某些人、某些事而無法自拔時，內心的痛苦和糾結將會不斷汲取你心靈的養分，讓你越陷越深。在花樣的年華裡，我們不該枯萎。

請你們珍惜彼此、好好相愛，就讓前任女友像「子彈」一樣飛一會兒，這顆子彈發射後產生的硝煙和槍聲會漸行漸遠，而你應該做的是從這個前任女友身上取長補短，提升自我，讓你們永遠成為彼此的現任，讓你們的愛情永不散場！

致現任的前任女友：感謝你，讓我們在重新認識自己的同時，懂得更加珍惜現在的他！

2 刻意討好，只會將他越推越遠

在你的身邊，或許有這樣的女孩，她是你和朋友眼中的大好人，性格溫和，對家人關心體貼，對朋友真誠熱情，即使對陌生人也和善友好，寧願自己受苦受累也不願對他人說「不」。你甚至會想，哪個男人要是能擁有這樣的女孩，簡直太幸運了，因為她必定是一個溫柔可人的女友，大方賢慧的妻子。然而，現實真的都如此理想嗎？

你的過度付出，會讓他不安

曾經有一週，一連兩個女孩問我：「我感覺到男友對我越來越冷淡，可是我已經在很努力地遷就他了，為什麼他還不滿意？我真的不知道問題出在哪裡。」

我發現這兩個女孩子有一個共同特點：在處理情感問題時，她們常常會為了不讓男友生氣而選擇忍氣吞聲，儘量順著男友。就算自己很不開心，也極少向男友表達不滿的情緒，一直在用討好模式，小心翼翼地守護著自己的愛情。按道理來說，她們性格乖巧溫和，本應得到男友更好的呵護才對。可是，為什麼這兩個處處忍讓、為愛默默奉獻的女孩子，反而越來越不被男友重視了呢？

大多數人會替這兩個女孩打抱不平，認為是她們的男友貪心不足，不懂珍惜，甚至不少熱心人士還會以直覺判斷——這樣的男人沒什麼值得留戀的，女孩子應該去找一個懂得珍惜自己的好男人。

然而在人際交往中有這樣一個概念——公平理論，指的是在人際交往中，並非所有人都想用最小的付出換取最大的利益或回報，而是要考慮關係的公平性。我們可以這樣理解：在親密關係中，當相愛雙方所付出的成本和得到的收益基本相同時，彼此會得到更大的快樂，情感也相對更穩定；相較而言，如果親密關係中持續存在一種不公平性，也就是其中一方感受到過度回報，而另一方過度付出，那麼無論是得到過度回報的一方，還是過度付出的一方，都可能會感到不安，並想改變這種狀態。

我們往往會想當然地認為，過度付出的一方一定會渴望改變不公平的現狀，畢竟誰都不希望自己沒完沒了地給予和奉獻。但為何得到過度回報的人也想改變這種狀態呢？這是因為公平是一個強有力的社會標準——如果一個人在這段關係中得到的回報超過了他應得的，他會本能地感受到由此帶來的焦慮，甚至是內疚。所以說，被過度回報的一方雖然看上去沒有過度付出的一方那麼糟糕，但實際上，他承受的「隱形壓力」並不小。

這樣分析來看，上面所說那兩個女孩子的男友的行為，也就不難理解了。他們覺得自己獲得的回報遠大於付出，因而心生複雜的情緒，感到愧疚或不安。戀愛中的男女都期望從一段關係中獲得輕鬆愉快的情感體驗，誰都不喜歡長期被內疚的情緒包圍，久而久之，他們就會開始疏遠女孩，以減輕自己的愧疚感了。

討好是一種病

二〇〇二年，暢銷書作家、社會心理學與臨床心理學專家海芮葉・布瑞克博士（Harriet Braiker）創作了一本以「討好的毛病」為主題的書——《不當好人沒關係：為自己活，遠離取悅他人的夢魘》，這本書一問世，便在推崇「好人文化」的美國社會引發了廣泛關注。

在這本書中，讀者驚奇地發現，一心想要當好人居然是一種有害的心理疾病，這種病源於對自我個體價值的信心缺失，渴望用為他人做好事來換取肯定和讚美。這種渴望一旦成為心理定式，就會嚴重降低行為者的判斷力和自控力，變成一種可以稱作「癖」的習慣和依賴。作者將「討好者」分為三種類型：

認知型——你需要並會爭取讓每一個人都喜歡你，而你衡量自尊和定義自我的依據，就是你為他們做了多少事。

習慣型——你會被迫犧牲自己的需求而照顧他人的需求，你為他人做得太多，幾乎從來不說「不」，很少叫他人做事，並且對他人的請求無力招架、疲於應付。

情感逃避型——為了逃避令人害怕和不安的情感而不斷討好他人。

婚姻家庭治療師格勒弗（Robert Glover）在《不再當好人》一書中指出，幾乎所有的「討好者」都在意識或下意識中有過類似的想法：如果我藏著自己的缺點，儘量變成別人希望和喜歡的樣子，那麼別人就會肯定我，覺得我好，也就會敬重我、重視我。如此，我的生活就有了意義、有了價值，我也就找到了幸福。

然而，這種幸福的感覺或自我意識的滿足取決於他人的看法，自己無法把握，所以我們實際上並未得到期盼的幸福。有人曾用很精闢的一句話來總結過分討好的行為：「你取悅了全世界，卻取悅不了自己。」

根據上面的分析，結合心理學家給的建議，如果大家想測試在親密關係中自己是否有過於討好對方的傾向，可以嘗試問自己幾個簡單的問題，比如：

「你是否經常在想拒絕他的時候卻說是？」

「你是否渴望每件事都得到他的讚許？」

「如果他對你的言行感到不高興，你是否會覺得難受？」

在回答這些問題的時候，要確保自己是誠實的、忠於自己內心的，如果對於上面的問題，你的回答都是「是」，那麼，你就很可能在親密關係中「討好成病」。

原生家庭教育讓你成為刻意討好者

綜合多個案例，我發現，在感情裡總是習慣性地陷入討好模式的女孩子，大都在人際交往中也有相應的行為。這些女孩子習慣於取悅他人，對拒絕別人和向別人表現出敵意有著根深蒂固的恐懼和焦慮。她們大多數從小就學會了如何儘量避免拒絕他人而引起敵意，為此戴上了友善的面具，她們習慣了考慮他人而忽略自己的感受。其實在內心深處，她們比一般人更渴望得到關注。

那麼，這些人是如何變成討好者的呢？

許多習慣性討好他人的人，在小時候被灌輸的思想都是「我得到的愛是有條件的」，只有當他們的需求和父母的期望一致時，才能感受到自己被愛著，不會被拒絕。就像小時候跟著父母去親戚朋友家做客一樣，如果你表現得活潑、禮貌、友好，積極主動地向各位親友長輩打招呼問好，那麼你得到的回饋通常就是「這個孩子真懂事」，大家會非常喜歡你，對你稱讚有加。但如果父母要你問好，你卻由於怯生、羞澀、靦腆或內向，一直沉默不語，父母就會認為你不懂禮貌，甚至有的家長還會當眾訓斥孩子，並表現出無奈和失望。

長此以往，你的腦海會逐漸形成一個觀念：只有做了符合父母心意的事才會得到獎勵；若與父母的意見不一致，則可能遭受嚴厲批評，或失去父母的認可和理解。於是，為了得到父母「有條件的愛」，避免被否定、拒絕，你只好將自己真正的需求和渴望隱藏起來，轉而努力去實現他們的期望，甚至內化這些期望，以他的們需求來壓抑和替代自己的想法。

採取討好的方式，迎合父母的喜好，讓父母滿意和開心，壓抑著內心的真實感受，委屈自己做個好孩子，以期得到父母的關注，久而久之，你就為自己戴上了一副「好孩子」的人格面具。這種人格面具會伴隨著你步入成年，這時，習慣於討好他人已悄然成為你性格中不可磨滅的一部分了。再往後，雖然你離家，開始獨立的生活，但兒時習慣於討好父母的行為模式會自動運行起來，不斷操縱著你在人際關係中的表現。

當然，除了原生家庭未曾給過你「無條件的愛」，對你產生了根深蒂固的影響，後天的某些特殊經歷也會讓你一點點形成討好型人格，並漸漸讓討好成為你的一種習慣，在主管面前，在父母師長面前，在親朋好友面前，甚至在愛人伴侶面前，都如此這般。

改變討好型人格，即刻行動

很多戀愛中的女孩羨慕其他女孩不用付出太多，就能輕鬆獲得男友的關注和愛，卻又無法從討好模式中走出來。其實這不難理解，因為對她們來說，改變習慣性討好的行為模式無異於改變自我。改變現狀，也就是不再討好他人，意味著她們要否定自己一直以來的思維模式，必須嘗試著去拒絕他人，忍受他人表現出來的敵意。而這會讓她們覺得難受。也有些人，面對改變過程中的困惑無從下手，於是在經歷一番痛苦的自我掙扎之後，放棄尋找真我的念頭，偃旗息鼓，沮喪地回到討好模式。因為討好是一種根深蒂固的人格習慣，而改變則是一個循序漸進的過程。如果你不夠堅定，總是逃避自己內心的恐懼，並對改變缺乏耐心，就很難在感情裡構建自己的立場和原則。

所以，如果想要改變你在親密關係中的討好型人格，請從現在開始，從當前做起。

一方面要學會拒絕，不討好愛人並不代表讓你走向討好的絕對反面，也不是要你對愛人無理由地冷淡和抵觸，而是讓你不再逆來順受、曲意逢迎，要該笑就笑、該怒就怒、該爭辯和拒絕的時候就表達出自己的真性情。當你以清醒的頭腦和適當的方式塑造出自己在親密關係中的高姿態時，你就會發現，這樣的你反而更能獲得愛人的關注、理解和認同。

另一方面要強大自己，有人說討好是內在無價值感的外在投射，也有人說內心的空虛永遠都無法被「外界」的力量填補，但如果你能擁有一顆強大且溫暖的心，並能夠獲得源源不斷的滋養和力量，就不會在親密關係中迷失自我、無端惆悵，不會太過看重愛人的讚美或否定，也不會一次又一次在愛人面前無條件地「投降」和退步。因此，你需要通過不斷地汲取知識、增長見識、豐富閱歷，來強大內心和提升精神境界，只有你足夠強大時，「討」才會自動走開，「愛」才能主動到來。

女人們，改變你的討好型人格，即刻行動，「憑著翅膀的揮動，無論逆風順風，一點一點，迎向天空，所有的好夢，穿過黑夜，付諸行動」。

3 聰明愛，就要遠離愛生氣的行為

戀愛原本是件讓人感到甜蜜和幸福的事情，然而女人一旦墜入愛河之中，就會變得愛生氣，一些看似稀鬆平常的小事也能讓她大發雷霆。到底為什麼會這樣呢？下面我們一起來剖析戀愛中的女人為什麼愛生氣。

女人發飆的十萬八千個理由

法國有句諺語說：「試著與愛理論，則你不免喪失理智。」這句話應該能引起很多女人的共鳴。當她們被男友的言行刺激到發狂，努力想控制情緒，試圖跟他們講道理的時候，卻發現只能用氣急敗壞來表達自己的憤怒。之前的耳鬢廝磨，滿世界的美好都抵不過此刻的老娘要發飆。而男孩們除了抱怨女友愛生氣，大多數時候，他們都會選擇用沉默來回應女友的歇斯底里。

為什麼會有如此大的反差呢？有學者對此進行了專門的研究，並發現了一個有趣的現象：熱戀時期，男人總是會比女人表現得更溫柔多情。這主要是因為戀愛時，男人扮演的多是追求者的角色，他們期待抱得美人歸後的喜悅。越是渴望得到對方的愛，他們越是容易緊張不安，而這種狀態，讓他們比以往任何時候表現得都溫柔體貼。

與此相對應，女人們則想通過這一過程瞭解對方是不是真的在乎自己。於是便有了所謂的一次又一次愛的考驗，爭吵、冷戰、誤解、猜疑也伴隨著一次次的考驗接踵而至。

有一位師弟總愛找我吐槽他女友，而他跟女友吵架的理由也經常讓我覺得好笑，下面舉幾個例子。

有一次，他們兩人一起逛街，女友試衣服時因挑顏色磨蹭了好久，師弟等得不耐煩了，就說了她兩句。於是兩人吵了一路，進而升級到我師弟是否在乎她這種有深刻意義的問題。為此，女友兩天沒搭理他。

還有一次，女友知道師弟喜歡 Twins 組合，便問他如果在鐘欣潼和蔡卓妍之間選一個當女友，他選誰。師弟想都沒想就說鐘欣潼。結果女友說他吃著碗裡的看著鍋裡的，三心二意，恨不得當場就要跟他散夥掰掰。師弟仰天長歎，覺得人生已經如此艱難，為何愛情裡還處處是陷阱。

說實在的，我體諒師弟的無奈，但更能理解他女友的「良苦用心」。因為我知道，無論這個女孩做了什麼，她都只是想證明男友是愛她的。

每個人都有戀愛情緒腦

古希臘人認為戀愛是一種疾病，陷入愛情的男女會進入一種生病的狀態，而大腦的構造讓女人的「病」得比男人更重些。研究表明，女人的「情緒腦」——眶額皮層[註1]有著比男人更大的體積。這似乎能解釋她們在處理情感問題和對待感情的態度上，為何總是比男人們更敏感一些。難道這真的只是因為男女大腦構造不同嗎？

我經常聽到身邊的女友說：「我並不是真的想對他發火，可我總是忍不住。」的確，在很多情況下，女人們都無法清楚地瞭解自己怒火中燒的動機。其實，這涉及社會心理學中的自我價值保護原則。「自我價值」是指一個人對自身價值的肯定與評價。「自我價值保護」則是指自己對自身價值在心理上的支持，同時，在潛意識中防止別人貶低和否定自己。

雖說每個人都有一套屬於自己的價值理論，但通常來說，自我價值都是通過別人的評價而確立的，所以我們會非常在意別人的評價。當你和男友溝通時，如果他不同意你的看法，否定你的意圖、曲解你的思想，你就會本能地為自己的觀點和立場進行辯護，排除男友貶低和否定自己的感受。而當這種辯護越演越烈時，你們很容易就進入爭吵與謾罵的模式。再加上女人是情感動物，對於情感非常敏感而脆弱，尤其在缺乏安全感和沒自信的時候，更容易焦慮和情緒不穩定，所以當戀愛中的雙方發生爭執時，女人在情感上的脆弱就會讓壞脾氣一觸即發。而且，相對於男人而言，女人的包容性較小，往往覺得自己就是弱者，有些事情一旦難以承受，就會尋找發洩的出口，男友自然也就成為了發洩的對象。

日常性攻擊：讓你們兩敗俱傷

經過三十年的調查，美國心理學家理查森（Deborah South Richardson）在二〇一四年發表的研究中公布了一個結論——比起陌生的人，我們對那些與我們最親密也是最接近的人，更容易表現出攻擊性。這種對親密的人進行攻擊的現象被稱為「日常性攻擊」。

日常性攻擊又分為兩類，一類是「直接攻擊」，即直接向對方表現出攻擊性的言語和行為，例如大喊大叫、性虐待等；另一類是「非直接攻擊」，即通過不表達來進行攻擊，例如不接電話、不回訊息、問話時不正面回答、發生事情時不出現等被動型攻擊，以及損毀對方喜歡的物品、通過其他人來施加傷害等間接型攻擊。

根據我瞭解的案例來看，戀愛中的女孩更傾向於直接攻擊。因為在她們看來，對男友的直接攻擊是安全的，她們認為自己是愛對方的，所以即便不開心也願意流露真情的實感。

女友小晗曾跟我說過她和男友的一個小故事。那天，他們相約去逛北海公園，兩人心情都很愉悅。討論到過生日送禮物的話題時，小晗隨口問了句：「如果現在要送我禮物，你會送多少錢的？」

男生說：「我說實話，你可別生氣啊。」

小晗滿心期待地說：「不生氣，你說多少我都不生氣。」

男生舒了口氣，微笑著伸出五個指頭，說：「五百。」

小晗一下就火了，說：「什麼，我在你心裡就值五百塊？！」接著就是一頓吐槽抱怨。

男生石化了，半天才冒出一句：「你不是說我說多少都不會生氣嗎？」

小晗反擊，說：「就算不生氣，那為什麼只是五百？」

結果當然是不歡而散。小晗後來跟我說，其實她知道那次是自己鬧過頭了，但也是因為習慣了男友的好脾氣，她才敢這麼肆意妄為。

在戀愛中，我們都希望愛人既能讓我們有親密感和歸屬感，又能讓我們有獨立感。當你對你們之間的關係感到不滿，卻又無法改變時，你可能就會表現出攻擊性，試圖以此將彼此的關係拉回到正常的範圍內。如果你覺得你們不夠親近，就可能通過攻擊來獲取對方的關心和重視；如果你覺得你們太過緊密，就可能通過攻擊來爭取獨立和自由。

就像我那師弟的女友一樣，她渴望男友耐心地等待，渴望在男友心中就是唯一，並以此來證明男友對自己的重視。可惜，男友沒有滿足她這種心理，於是她便表現出非理性的攻擊行為。

有意並恰當的攻擊在某種程度上來說是好的，至少說明你們依舊在乎彼此。但你要明白，當你對男友進行非理性的攻擊，你也在深深地傷害他，因為他重視你，你的表達甚至可能使他感到加倍的挫敗，受到加倍的傷害。就像一對喜怒無常的父母總會讓孩子感到沮喪，讓孩子認為自己沒有被愛著。久而久之，再刻骨銘心的愛也會被你無理性的攻擊消磨殆盡。

因此，在出現日常性攻擊時，無論你是發動攻擊的一方，還是被攻擊的一方，都要表現出足夠的重視，因為這可能是你們修復和改善彼此關係的契機。

達爾文曾說，人發脾氣就等於在人類進步的階梯上倒退了一步。從某種程度來說，人之所以有兩隻耳朵，就是為了方便在聽到某些話的時候可以一個耳朵進、一個耳朵出，無須句句入腦，而是有選擇性地去聽，去理性判斷和分辨，學會保持平和淡然的心態。

生活中，我們可以嘗試暫時放下自己的感受與防備，用心聆聽另一半的傾訴，安全地表達內心的不滿並理性地解決衝突。雖然知道無論有多努力，我們依舊會讓心愛的人偶爾感受到沮喪或失望，但不試，怎麼會知道其實我們可以愛得更從容呢？

4 曖昧是場暗藏危機的戰爭

曖昧是一段戀情的必經階段，而戀愛中的女孩們應該都有這樣的感觸——比起戀愛時的幸福感，曖昧期的獲得感是一種更特別的體驗。就拿我自己來說，到現在，我最懷念的還是跟愛人在曖昧期那種彼此暗生情愫、沁入骨髓的甜蜜。回想起來，還會一臉嬌羞。

然而，如果你問我願不願意再回到曖昧時期，還是別了。曖昧雖好，可是多了也容易傷身。

若是良性的曖昧，未來能確立戀愛關係，修成正果，那自然是皆大歡喜；但如果像歌詞裡唱的：「曖昧讓人受盡委屈，找不到相愛的證據，何時該前進，何時該放棄，連擁抱都沒有勇氣。」這種惡性曖昧，不知會讓多少人愁斷肝腸！

當女人們為愛消得人憔悴，眼巴巴地盼著男人來表白的時候，卻突然發現，人家懷裡早已摟著個明眸皓齒的女人滿世界秀恩愛了。一瞬間，那種似乎勝券在握，卻又突然灰飛煙滅的挫敗感，就像是魚刺卡在喉嚨，咽不下去，吐不出來，著實讓人焦心。

惡性曖昧

學員簡心最近比較煩。半年前，她在一個行業峰會上認識了賈先生。會議結束後，賈先生主動要了她的聯繫方式，當天回到家，兩人就手機傳情，相談甚歡。幾個月相處下來，賈先生幽默的談吐、豐富的閱歷著實讓她有了久旱逢甘霖般心動的感覺。

賈先生平日工作雖忙，但也常關心她，有意無意地說些曖昧的話。例如，簡心說：「今天又一個同學要結婚了，感覺我都快要孤老終生了。」

賈先生會說：「不會的，再怎麼樣，你不還有我嗎？」

又例如，簡心說：「好久沒出去散心了。」

賈先生會說：「想去哪裡，我們結個伴，來一場說走就走的旅行。」

不過，兩人的關係也僅僅是如此而已，賈先生吝嗇地不肯再為她多付出一分一毫了。

簡心問我：「我能感覺到他對我的好感不止一點點，但為什麼就是不開口說一句『我想和你在一起』呢？」

我想了想問：「你們接觸這麼長的時間，他有沒有總是表現得很想見到你？有沒有在你遇到困難的時候，第一時間來幫助你？有沒有非常介意你身邊圍繞著其他異性？」

簡心隔了好久才回覆我說：「好像沒有。」

我說：「這就是他為什麼遲遲不說要和你在一起的原因。」

簡心歎了口氣說：「再相處看看吧。」

過了一段時間，簡心發現賈先生好像沒有之前那麼熱情積極了，雖說依舊會回訊息，但主動聊天的次數越來越少，甚至只要簡心說起與情感相關的事，他就會轉移話題，或者用沉默來回應，表現得冷靜克制。

在兩人認識半年後，賈先生給簡心發了一張女孩的照片，問她：「好看嗎？我女朋友。」八月的三伏天裡，簡心全身冰涼。

毫無疑問，簡心經歷了一段無疾而終的惡性曖昧，從始至終只是她上演獨角戲罷了。

那麼，曖昧到底是什麼？

簡心的悲劇歸根究底是因為她知人知面不知心？

還是她自己導演了這場悲劇？

曖昧也許只是一時的消遣

美國社會心理學家齊克・魯賓（Zick Rubin）提出了愛情態度理論，他認為愛情是一種可以被測量的獨立概念，而他經過系統研究擬定了一份愛情量表，其中包含三種成分：一是，親和和依賴需求；二是，想幫助對方的傾向；三是，排他性與獨占性。這三點是用來區分好感和愛的充分必要條件。

這樣看來，曖昧其實就是比好感多一點，比愛情少一點。

剛開始陷入愛情的男人充滿著對愛的渴望和激情，他的生活除了工作便只剩下了你，你的一顰一笑都牽動著他。很少有男人能在這時候克制住愛的衝動，所以你會從各個細節感受到他對你的情感需求，他也總是會忍不住關心你，想要幫助你，並想要擁有你的全部。

反觀賈先生，他不僅沒有表現出陷入愛情的衝動，反而冷靜克制。在這種情況下，他對簡心都沒有發自本能的占有欲，怎麼可能是愛上了她，更別提向她表白了。而這種情況下，簡心不過是他寂寞時的調味劑罷了。

曾有個男閨密這樣跟我說：「我跟很多女孩都有過曖昧關係，這倒不是因為我太花心，那些女孩都很好，我也想給彼此一個機會，痛痛快快談場戀愛，但實在是差點感覺，讓我特別心動、能義無反顧投入愛情的人始終沒有出現。不過，曖昧也不錯，也許這是單身時最好的消遣。」

聽完他這些話，我責問：「你怎麼這麼不負責任，你倒是爽了，人家女人呢？」

他一臉無所謂地說：「那可不能怪我，你情我願，玩唄，誰也不吃虧。」

我無從辯駁。

處在曖昧之中的人，既幻想得到美妙的愛情，又不想受到傷害。而且，面對明知沒有結果的愛情，很少有女孩能做到快刀斬亂麻。於是，在曖昧這場暗戰中，她們狼狽不堪。

如何在曖昧中安全著陸

我見到過太多因陷入惡性曖昧，愛而不得，每天輾轉至天明的女人。除了提醒她們，這個男人若真的愛你，就不會忍著，不會不說想和你在一起這種話，更重要的是喚醒她們遇到愛就變遲鈍的敏感神經，學會分清良性曖昧和惡性曖昧。讓女人們在惡性曖昧的最初階段就能察覺蛛絲馬跡，儘早撤離，不至於等到「病入膏肓」，落得「不治而亡」的悲情結局。

里斯、克拉克和霍爾姆斯（Reis, Clark, & Holmes）在二〇〇四年有一項關於關係中「應答性」的研究，我十分贊同。基於這項研究，我認為愛就是親密關係中的共有應答性。而什麼是親密關係中的共有應答性呢？

舉個例子，一對彼此愛慕的男女在河邊散步，女生下意識地哼唱了一首歌，男生露出微笑，也跟著哼唱了幾句，還添加了一些好玩的歌詞。他們相視而笑，然後接著哼唱，彼此都感到很愜意，並意識到對方也很享受這種互動。假設你就是那個女孩子，在這種良性的曖昧關係中，因為和愛慕的人走在一起，你情不自禁地唱起歌來，以此表達自己的喜悅，並期待他的回應，希望他能與你互動。如果是真心喜歡你，想和你在一起的男生，會和故事裡的男生一樣，熱情回應你，讓你感到滿足和快樂；而在跟你搞惡性曖昧的男人則只會微笑著，沉默不語地聽著你的歌聲，享受你帶給他的快樂。這個時候，你就大致可以確定該如何抉擇，在被他傷害之前儘快抽身而出。

在相互的共有應答性關係中，雙方更注重對方的需求和幸福感，會重點滿足對方。他們確信對方也會這麼做，於是在關係中就會感到安全、可靠和輕鬆。

當你愛上一個男人，並開始一段良性的曖昧關係時，你必然想看到他的共有應答。若你看不到，卻依舊選擇不管不顧地曖昧下去，其實就是在暗示這個男人——玩唄，反正我們誰也不吃虧。可是看似平靜的表面，總暗藏危機。一段無疾而終的曖昧期浪費時間不說，還會讓女人們失去自信，懷疑自我，所以女人們別忘了，在享受美妙曖昧的同時，也要讓自己的愛情安全著陸。

5 別被迷戀蒙住了雙眼

曾經有這樣一個腦筋急轉彎，大家應該不陌生，問的是：「你早上起床做的第一件事是什麼？」答案很多，但很少有人能答對，有人說是「坐起身」，有人說是「刷牙」，還有人說是「上廁所」。而正解其實是——睜開眼睛。

如果讓九年前剛開始戀愛的我來回答這個問題，我一定會驕傲地告訴大家：「起床後第一件事就是宣告世界，我戀愛啦！」相信很多女孩子有和我一樣的心情，當你愛上一個人的時候，這個人就會占滿你的大腦，成為你無時無刻不想關注的事情。

迷戀，會消弭愛的舒適感

在我的學員中，子漁是年紀最小的一個。她還在讀大學，個性單純，是個多愁善感的女人，有過三次失敗的戀愛經歷。那天她找我諮詢的時候，非常沮喪地說：「姐姐，我覺得我肯定嫁不出去了。每次都是男生追我，但戀愛不超過三個月，他們就開始嫌我煩，然後提出分手。我該怎麼擺脫三個月就被甩的魔咒啊？」

我問：「你們相處時，常常因為什麼問題而產生矛盾嗎？」

子漁說：「其實我們在一起的時候，相處得很融洽，很少發生爭吵，但只要不在一起，我就會忍不住去想男友在幹什麼，他有沒有想我，為什麼還不回我訊息等。越想越焦慮，於是就忍不住打電話給他。剛開始的時候，他還能耐心地跟我解釋，但後來，男友越來越不耐煩，甚至不接我電話。所以我就生氣了，覺得他根本不在乎我，不然為什麼不主動跟我分享他的生活呢？」

聽完子漁的訴說，我又問道：「你跟父母之間的關係怎麼樣？」

子漁回答：「還行，但總是吵架。一直以來，我都覺得他們沒有真正理解過我，沒問過我他們給的到底是不是我想要的，所以有時我會覺得很壓抑。」

果然，這位女人悲催的感情經歷深受原生家庭的影響。我不禁感歎，又是一個迷戀成癮的女人呀。

那麼，什麼是迷戀？為什麼我會說「又是一個」？這樣的女人在生活中常見嗎？接下來我們一起來探討這些問題。

迷戀，字典上的解釋是「過分喜愛，難以割捨」。在心理學上則是指一種持續不斷的想法、狀態或者衝動，最終會帶來恐懼、壓力和不適感。有的女人在剛陷入一段感情時，總是會情不自禁地想起對方，即使自己很努力想要停止這種狀態，也還是無法控制自己。她們就像子漁一樣，忍受不住了就聯繫對方，而這種不加克制的迷戀會讓她們的感情生活失去平衡，隨著迷戀程度的加深，與男友的關係變得越來越敏感、脆弱，戀愛的舒適感消失殆盡，最終以分手收場。

焦慮型依戀，讓你深陷迷戀不可自拔

生活中和子漁有同樣困擾的女孩不在少數，那麼，她們為什麼會迷戀成癮呢？

英國發展心理學家約翰·鮑比（John Bowlby）在一九五〇年提出了「嬰兒──父母」之間的依戀類型，他認為害怕與父母分離、害怕被父母拋棄是進化造成的人類天性。隨後，美國心理學家愛因斯沃斯（Mary Dinsmore Salter Ainsworth）採用陌生情境測試，將這種依戀關係分為三種類型。一九八七年，人格和社會心理學家加入，將這一理論應用到成人的親密關係中。他們指出，成人戀情的本質也是一種依戀，並借用愛因斯沃斯劃分的三種依戀類型，將親密關係分為安全型依戀、迴避型依戀和焦慮型依戀。

安全型依戀的人，會很容易與對方達到相互依賴的狀態，不會擔心自己被拋棄或與對方走得太近。

迴避型依戀的人，會害怕與人太親近，無法完全信任他人，因而很難依賴對方。

焦慮型依戀的人，當發現別人不願以自己想要的那種親密程度與自己親近，就常常會擔心伴侶不是真的愛他或不願意和他在一起，而且因為他們總想要完完全全地跟別人融為一體，有時候常常把人嚇跑。

依戀理論認為，在嬰兒和兒童時期習得的依戀類型將會伴隨我們一生，並將泛化到與其他所有人的關係之中。從心理學角度上來說，子漁對男友的依戀需求是一件很正常的事情，因為他們之間的親密關係會讓子漁有被人需要的感覺，這強化了她的存在感，能幫助她減輕心理壓力，使她更有安全感，更自信地面對生活。不過，由於她表現出過度的依戀需求，也就是焦慮型依戀，在戀愛中，一旦她的需求不被滿足，就會因害怕失去而恐懼，並產生過分猜疑等行為。對她來說，男友願意與她談戀愛、願意跟她分享情感、在乎她，才是這段感情中最關鍵的體驗。

從子漁與父母之間的關係，以及她在戀愛中的表現來看，她與男友的關係就屬於典型的焦慮型依戀，這也不難理解為什麼她的戀情總是熬不過三個月了。

除了子漁，我身邊還有一些典型的陷入焦慮型依戀的女孩，她們缺乏安全感，為了保住愛情，往往不惜放下自尊，低三下四地去「跪舔」[註2]對方。受原生家庭影響，她們總害怕被拋棄，尤其是那些曾有過被拋棄經歷的女孩，開始了一段新戀情後，一旦感情出現危機，大腦神經就會迅速喚起她們過去的傷痛記憶，表現出極度恐懼和緊張的情緒，整天處於患得患失的狀態。

從「我們」出發，擺脫迷戀成癮

說到這裡，可能有人會忍不住問，既然依戀模式是從嬰兒時期就形成的，那是不是從此就根深蒂固地伴隨我們一生呢？其實不然，隨著時光流逝，我們逐漸豐富的人生閱歷和生活感悟，會讓已有的依戀模式不斷地刷新和改寫，有時甚至會完全顛覆。

如果你希望自己在感情中轉變為安全型依戀的人，擁有長期穩定的親密關係，你就需要有意識地去努力，多和安全依戀類型的人溝通。當與戀人發生矛盾或者自己的需求沒有在第一時間得到滿足時，要學會控制自己的情緒，先冷靜地從「我們」的角度出發，去看待矛盾，然後再思考解決措施。

在此，我想給那些處於焦慮型依戀狀態的人一個建議，如果你深知自己的缺陷，並想努力改變現狀，可以試著去找一個安全依戀類型的伴侶，因為好的伴侶會讓你更熱愛生活。

人之所以不平凡，就在於人總是嘗試著接納不完美的自己，之後不斷超越。從今天開始，就對焦慮的依戀說「掰掰掰」吧。

6 愛情終結者：假性親密

大概兩年前，在一個電子新品發布會上，我認識了曾瑤。三十二歲的她在一家非常有名的外企擔任區域銷售總監，工作上順風順水，感情生活也令人豔羨。她男友是她在工作時認識的，高大帥氣，在一個投資銀行做職業經理人，兩人在一起三年多。我一度認為，她就是真正的人生贏家。

後來，在一次聚會時，我問起她的情感狀況。讓我驚訝的是，曾瑤對這段感情的態度十分消極。她說：「雖然我們在同一個城市，但基本上一個月才見一次，有時候甚至兩個月才能見上一次，彼此都太忙了。」

我大驚失色，北京雖大，但就算是從南到北也不過幾個小時的車程，為何他們在同一個城市，兩人之間卻變成了「世界上最遙遠的距離」？於是我問：「你們難道不想見面嗎？」

她說：「本來工作就忙，這樣時間久了，也就習慣了。」

我說：「那……你男友也預設了這樣的狀態？」

她說：「也許吧。前段時間我們還聊到結婚了，但彼此都很平靜，沒有特別欣喜的感覺，更多的是為了結婚而結婚。」

我好奇地問：「你想過做些什麼來改變現狀嗎？」

她說：「我們現在這樣至少是穩定的，改變的話，我擔心會分手。我又不想跟他分手，折騰來折騰去太耗費精力。」

在諮詢中，我也接觸過這樣的女人，在外人看來，她和男友是天造地設的一對，但真實的情感狀態只有他們自己知道——如死水般泛不起任何漣漪，手握情感的「雞肋」，食之無味，棄之可惜。

愛不會盲目追求穩定

如果你和曾瑤一樣，愛情陷入進退兩難的境地，明明與男友相愛卻又總感覺「差點什麼」，這時可以嘗試用「假性親密關係」來解釋。嚴格意義上來說，假性親密關係並不是一個專業的心理學術語，在電影《消失的愛人》上映後，這個概念才受到廣泛的討論，指一對戀人雖然形式上親密，實際上卻是以迴避真正親密的狀態在一起。

曾瑤和男友之間的關係就可以被定義為假性親密關係，可以看出她把「穩定」視為這段感情的第一追求。即使她自己都覺得這樣的相處滿足不了她對愛情和婚姻的憧憬，但為了不破壞此刻的穩定狀態，她還是選擇暫時擱置這個問題。在兩人看似親密的背後，有很多的情感禁區，他們小心地迴避著這些禁區，極力維持和諧美好的場面，但彼此都沒有獲得令自己滿意的親密情感。而且，不知從什麼時候開始，曾瑤和男友之間已經有了越來越多無法探討的話題、不敢表達的情緒，以及難以掩飾的不信任和不安全感。

迴避付出，愛就會越來越遠

有一段時間，一向對日劇不感興趣的我，著實為一部日劇小小激動了一番，這部日劇的名字叫《我的危險妻子》。短短十集，我花了一個週末的時間一口氣看完了。劇中，男主角享受著婚外情的新鮮和刺激，卻總是得意不過三秒就迎來厄運。懸疑重重而又緊湊的劇情，讓我不禁對男女主角之間的親密關係產生了疑問：兩人表面上維持著美好的婚姻關係，背後卻是一個個可怕的騙局，那他們之間到底還有沒有愛情，又為什麼會形成這樣的假性親密關係呢？

其實，真正的親密關係代表著雙方要相互關心、感同身受並付出情感，但這需要承擔投入了情感卻得不到任何回應的風險。在乎一個人，我們就有可能因此受傷。假性親密關係就是為了應對這樣的風險而出現的——因為我們害怕兩人的關係會失控，所以不敢投入，迴避了對彼此的情感付出。因此，假性親密關係其實是一種防禦機制，是情侶雙方在共同迴避那種「需要雙方一起創造的真正親密狀態」。有時候我們會害怕太在乎一個人，或某個人對我們來說很重要，因為真正愛一個人是一件風險很高的事。當我們投入真情卻沒得到期待的回應，就很容易產生被傷害、被拋棄的脆弱感，而為了避免這種結果，我們從一開始就會謹慎付出。

從某種意義上講，假性親密關係能夠幫助我們抵抗情感投入後可能帶來的恐懼和焦慮。我們用這種表面上的親密關係做「偽裝」，讓情感看似穩定，自我安慰似地把所有危機隱藏在虛假的安全感之下。殊不知危機日積月累，矛盾一觸即發，鏡花水月般的美好情感可能在彈指之間就灰飛煙滅了。

心理學家認為，在假性親密關係中，情侶雙方都處於一種「情感禁閉」的狀態，即雙方不自覺地達成了協議——共同保持情感上的麻木。在這種禁閉狀態下，兩個人雖然看起來關係親密，但都拒絕進行深度的情感融合，實質上處於貌合神離的狀態。

相處，沒有固定的角色和腳本

如果你正處在一段假性親密關係中，並習慣了這樣的狀態，你可以試著審視自己，是否在以往每段關係中已經形成了固定的角色及期望的固定模式。比如，你總是無意識地按照設定好的固定腳本來扮演角色，類似的情形不斷重演，想要改變卻力不從心。這種非正常的情感狀態，凸顯的是你對焦慮的防禦心理，然而，焦慮是不會因為防禦和逃避就自然消失的。

就拿曾瑤來說，她明知跟男友溝通、改變現狀才是當務之急，但她也很清楚，如果做出改變，有可能破壞當前兩人關係的穩定狀態。所以，就算做出改變是一件有益於兩人關係的事，她在潛意識裡依然選擇不破壞這種心照不宣的「默契」，擱置爭議，放棄溝通，避免衝突。久而久之，就形成了逃避溝通的固定模式。

當你意識到假性親密關係將會為你的感情帶來嚴重後果時，就要嘗試邁出第一步，比如努力嘗試預設一個美好的未來，那麼就可能想發展真正的愛情，嘗試改變現狀。漸漸地，你可以試著用心與對方溝通，表達自己的感覺，讓對方瞭解真實的你。就像曾瑤，她應該做的就是跟男友說明她的想法，讓男友看到她的內心，改變兩人一兩個月才見面一次的狀態，提高約會和溝通的品質。儘管這樣會破壞暫時的平靜，但經歷改變之後，也許她就能等來男友真誠的求婚，有機會說出那句發自內心的「我願意」。

富蘭克林曾說：「人與人之間的相互關係中，對人生的幸福最重要的莫過於真實、誠意和廉潔。」歸根究底，假性親密關係的形成，除了雙方的情感和性格問題，更重要的是因為不重視，缺乏真誠的溝通。要避免這種狀況繼續下去，就應該直擊痛點，然後完美蛻變。

7 親愛的，我不敢告訴你我是誰

我曾看過一本書《溝通的藝術》，僅在美國就擁有超過兩百萬讀者。書中有一句話讓我記憶深刻：「我不敢告訴你我是誰，因為假如我告訴你我是誰，你可能會不喜歡這樣的我，而那卻是我的全部。」

在我的身邊，恰恰就有這樣一群女人，她們平時伶牙俐齒，講起話來頭頭是道，但一旦面對喜歡的人，就不知該如何表達。無論是正暗戀別人的人，還是已經有男朋友的人，明明心裡很喜歡，明明一肚子話要跟對方說，可是每到關鍵時刻，大腦就跟不上節奏，狀況百出，不是面紅耳赤，就是語無倫次。事後又一邊捶胸頓足、一邊懊惱，「完了完了，沒戲唱了，真是丟臉」，諸如此類追悔莫及般的碎碎念，完全停不下來。

我的學員小蒙就是個典型的例子。她來找到我諮詢時，一直哭訴：「玲瓏姐，我簡直是太悲劇了。今天好不容易去跟喜歡的男生約會，點菜時他問我吃什麼，我說了句隨便。然後我就看到他皺了下眉，好像不太滿意我的回答。後來聊天時，我就不知道怎麼接他的話，除了傻笑，就是尷尬的冷場。唉，好鬱悶，他肯定覺得我沒主見又無趣，我該怎麼辦？你說他會不會從此不再理我了？」

我回答道：「從平時跟我聊天來看，你很健談啊，所以你是真的不知道怎麼接話，還是因為擔心接得不合適，給對方留下不好的印象而沒接呢？」

小蒙立馬說：「怕說錯話，所以不敢說了。」

我接著說：「你可以冷靜地思考一下。因為怕說錯話而乾脆不接話，結果就是你擔心對方覺得你沒主見、無趣。可如果你按照以往的風格去聊天，說不定人家會很欣賞呢。就算你回應得不夠理想，結果最差也就是對方覺得你沒內涵，跟你話不投機，而這個結果跟你害怕說錯話而不敢接話的結果是一樣的。既然這樣，你為何不嘗試積極回應呢？」

小蒙若有所思，說：「也是。那跟他相處的時候，我到底該怎麼說話，才能讓他對我產生好的印象呢？」

類似小蒙這樣的問題，我已經記不清被多少女學員諮詢過了。其實，我在剛戀愛時也常常苦惱於怎麼回應，打電話怎麼溝通，到底怎麼做才能讓他更愛我。而現在，每次教人一些聊天和戀愛的小技巧後，我也總忍不住尋思：我們為什麼就無法在喜歡的人面前自如地展現真實的自我呢？

自卑，才會追求完美

小蒙這種「害怕說錯話所以乾脆不說」的行為，從心理學的角度來看，可以這樣解釋：

在人際交往中，人們傾向於把自己認為好的特質展示給別人，將自己認為不好的特質隱藏起來，這是人們向他人展現自我價值的重要途徑。

然而，這樣做會帶來一個較為嚴重的後果，因為你認為好的特質在別人看來不一定就是好的，所以這可能會讓你遭受挫敗。漸漸地，我們所展露的就變成了能夠被對方認可的一面，對方不認可的那一面我們就會隱藏起來。於是，越擔心自己不被認可，我們也就越害怕展露自己，進而害怕接近他人。久而久之就形成了「完美才能被認可，而我不夠完美」的觀念，覺得自己不被認可，從而更害怕展現自己。這樣的惡性循環一次次在事實中被驗證，你的心理陰影會日益加大，而這也難免會讓你在與他人相處時更戰戰兢兢，如履薄冰。

再舉個學員小冰的例子。小冰的男友屬於高冷型帥哥，她總是暗地裡自認高攀，每次給男友發個訊息都要字斟句酌，打個電話要算時間，約會更是小心翼翼，生怕自己搞砸了。我問她：「你這樣談戀愛，不累嗎？」

小冰說：「累啊，但是萬一他看穿我的本性，開始討厭我怎麼辦，所以我必須小心謹慎。」

我心疼小冰，她在認可男友價值，不斷將男友理想化的同時，也在不斷加深對自我的負面評價。一旦把男友理想化，就會產生這樣的結果：她會覺得男友如果有生氣、惱怒等負面情緒，都是因為自己做得不夠好。在這樣不對等的關係之下，隱藏的是小冰自卑的心。

過分追求完美，可能適得其反

「我到底該怎麼做，才能讓他感受到更好的我？」

這是一個無數人在戀愛時都會考慮的問題，聽起來似乎是對心愛之人毫無保留地奉獻自己的情感，但實際上卻是恐懼對方看到自己的不完美。這種害怕暴露自己缺陷的心理，可以用美國著名社會心理學家歐文・戈夫曼（Erving Goffman）的「印象管理理論」來解釋。印象管理是指人們試圖管理和控制他人對自己形成的印象的過程。通常，人們傾向用一種與當前的社會情境或人際背景相吻合的形象來展示自己，以確保他人對自己做出正面的評價。簡單地說，就是人們試圖讓他人以自己期待的方式來看待自己。

我曾經聽過一個故事，講的是一對男女的相親經歷。男主角小朋和女主角小雨在第一次相親見過面後，雙方互有好感。第二次見面時，小雨飯吃了不到一半就去了三趟洗手間，小朋剛開始還笑臉相迎，後面直接黑著臉應付完了下半場飯局。可是小朋剛回到家，「紅娘」就打來電話說，小雨希望再約一次。

等到第三次見面時，小雨比上次更加頻繁地往廁所跑，小朋徹底怒了，說：「不喜歡我可以明說，不要浪費彼此的時間。」

此刻小雨捂著肚子急得眼淚都出來了，趕緊解釋：「我沒有耍你的意思，我……我也是有苦衷的。」

「你有什麼苦衷，為什麼不直說？為什麼每次吃飯都頻繁地往外跑？」小朋質問。

小雨一臉難為情，捂著肚子一下就哭出聲來，說：「我不是故意的，我只是想跟你見面時表現得好一些，但越這樣想就越緊張，一緊張我就……我就拉肚子……」

你可以幻想當時的畫面，真的讓人啼笑皆非。不過好在真相大白之後，經過良好溝通，小雨的緊張性腹瀉不藥而癒，最終兩人算有了一個圓滿的結局。

當然，生活中我們可能不會遇到這麼極端的例子。但是，小雨竭盡全力想要展示「最好的自我」的心理，我能夠理解和體會。從她的案例中不難察覺，如果過分強調關係中的印象管理效果，也許反而會讓你弄巧成拙、適得其反。

用真性情真的吸引他

希望得到他人的認可，這是人的基本訴求，而且正是因為有了這種訴求，我們才有動力鞭策和激勵自己不斷進步，所以，這並不是以自我為中心的不良訴求。只是在喜歡的人面前，這種訴求會變得異常強烈。一心只想著被對方喜歡、不要被對方討厭，這樣容易變得不像自己，反而像戴著虛假的面具。長此以往，不僅扼殺自己的個性，還會讓對方無所適從。

就算對方最終喜歡上了你，但他喜歡的到底是真實的你？還是掩飾之後的你呢？

事實上，你不需要過分追求完美，也許實事求是下的簡單真實，反而能勝過矯揉造作般的無可挑剔。否則，你所謂的喜歡他，也不過是想討好他；你所謂的害怕暴露缺點，也不過是一種刻意讓自己保持完美的偽裝和防禦。

我一直很喜歡一個詞「真水無香」，這個詞表達的是一種境界：自然、真實、清澈、恬淡無痕、空闊無邊。在此，我想表達的意思是「真實就是美，真性情更能打動人」。金無足赤、人無完人，你掩飾下的完美無法保證你們終成眷屬，而你真情流露下的不完美卻可能正是吸引他的理由。女人們，請永遠牢記，「真善美」的第一項是「真」。

8 一直在失望，累覺不愛了

你是否曾在多次失戀後，變得對愛情望而卻步了？你是否在奪回戀愛中屬於自己的「合法權益」時，遭遇失敗，就聽之任之了？你是否曾在有暗戀的對象後，不斷給自己洗腦，覺得沒戲後就徹底放棄？

相信我們大部分人都有過這樣的遭遇，跟愛人發生矛盾後落魄無助，因失戀對生活或愛情充滿絕望，因不想失去而守在一個已經不愛自己的人身邊等。就如同條件反射一樣，遇到問題就會迷失自我、逃避痛苦，並逐漸成為一種習慣，滲透到你的骨髓。

無助的愛，遲早會衝破你的心理防線

最近，我被一位大學時的好友折磨得頭疼不已。還在學校時，這傢伙就一顆玻璃心，老師批評她寫論文複製黏貼，她哭；同學無意間的一句玩笑話，調侃她的髮型奇葩，她哭；逛街沒主動邀請她，她還是哭。總之，就得一直哄著她，不然她總會讓你感覺自己欠她點什麼，那種渾身不自在的愧疚感都把人給繞暈了。

她來找我的原因很簡單，就是想問我怎麼挽回前男友。前男友覺得跟她在一起悶得慌，幾次三番地提出分手。一年內他們歷經了多次分手、挽回、和好，最後還是分了，兩人目前已經斷聯一週。回想起這一週的撕心裂肺，她覺得自己的人生沒有任何希望了。我使出渾身解數安撫她脆弱的神經，因為我知道失戀的傷痛已經是她能承受的極限了，真是難為她。

俄羅斯著名作家車爾尼雪夫斯基（Nikolay Gavrilovich Chernyshevsky）曾說過：「愛情的意義就在於幫助對方提升，同時也提升自己。唯有那因為愛而變得思想明澈、雙手矯健的人才算愛著。」我在心底反思，我同學在這份感情裡無助又無奈，她到底是愛著還是病了呢？

如《十年》裡唱的「那兩個字反覆顫抖」，你們曾經的親密無間和愛的約定瞬間灰飛煙滅。你痛心於此，我感同身受。曾經的誓言仍然在耳邊，一雙璧人卻各分東西，苦悶與孤寂折磨著你，你完全忘記了自己其實還可以重新振作，忘記了上帝會為你打開一扇窗，因為「習得性無助」已經排山倒海般地攻陷了你的最後一道心理防線。

那麼，什麼是習得性無助呢？它到底有多麼可怕？

也許你得了「愛情習得性無助症」

二〇世紀五〇～六〇年代，美國著名心理學家塞利格曼（Martin E.P. Seligman）用狗做了一個殘酷的實驗。他把汪星人放在箱子裡，箱子隔斷成兩部分。實驗人員對小狗們所在的那一邊箱底通電，遭受電擊的小傢伙慘叫連連，牠們試圖通過不是很高的隔斷板跳到另一邊。要命的是，跳過去之後，另一邊也被通上了電，於是多次遭受電擊的汪星人最後都放棄了跳躍，即使另一邊不通電了，牠們也不再嘗試。

塞利格曼多次以不同形式重複這個實驗，得出了「習得性無助」的理論，即經過某種學習而得來的無助感——當發現通過抗爭或適應性調整都不能逃脫不良環境的威脅時，動物或人就會放棄努力，表現出此後的消極行為。

如同實驗中絕望的汪星人一樣，如果一個人反覆在某件事情上失敗，他就會逐漸在這件事情上放棄努力，甚至還會由此對自身產生懷疑，覺得自己這也不行，那也不行，無可救藥。事實上，此時此刻的我們並不是真的不行，而是陷入了習得性無助的心理狀態中。這種心理狀態讓人們自設樊籬，把失敗的原因歸結為自身不可改變的因素，放棄繼續嘗試的勇氣和信心。比如認為學習成績差是因為自己智力不好，而遭遇失戀是因為自己長得不好看、不會講話、不招人喜歡等。

所以，我大概診斷出我的同學是「病了」。沒錯，她得的就是「愛情習得性無助症」。

愛情中的習得性無助可以借助3Ps的分析方法來解釋：在「個人」（Personal）層面，你也許會將自己投射到戀愛或婚姻中出現的各種問題上，更傾向於針對這些問題來內化自己；在「普及」（Pervasive）層面，你也許會覺得戀愛或婚姻中出現的各種問題影響了你生活的各方面，讓你感受到各種困擾；在「永恆」（Permanent）層面，你也許會認為這些問題不可能被改變。通俗地說，愛情中的習得性無助通常表現為：當你多次受傷，拚盡力氣去挽回一段感情，最後還是失望；當你發現你的等待沒有盡頭時，便萌發再怎麼付出也無法改變現實的念頭，你的絕望最終讓你變得不再付出，不再相信愛情，不再給自己機會。

即使如此，你也不會真的快樂起來。你以為隔絕感情可以讓自己不再傷心，天真地認為時間久了，傷口也就慢慢癒合了。實際上，你根本就沒有從過往的傷痛中真正走出來，只是為了不讓自己難過，選擇暫時失憶，活在一種自我驗證的預言裡，徹底忽視了傷痛會泛化，可能導致更嚴重的認知偏差。

說到這裡，我不禁想起發生在抗日戰爭時期的一個淒慘故事。

在一次日本兵掃蕩村莊的大屠殺中，全村只有一個倖存者，他回憶了當年慘烈的場景。三個手持機槍的日本兵挾持了他們村莊的一百多個人，把他們押至村外早已挖好的大坑，準備將他們集體活埋。儘管日本兵有槍，但憑藉他們這一百多個人的力量，解決三個日本兵勝算應該是很大的。所以，他多次暗示身邊的幾個壯漢一起反抗，然而這幾個壯漢只是無奈地看了看日本兵手上的槍，搖了搖頭。

他眼睜睜地看著全村男女老少邁著沉重的步伐一步步走向死亡，而他本人也僅僅是因為被壓在身上的屍體擋住了致命的一槍，才得以倖存。他無比懊悔地對採訪他的記者說，如果時光倒流，哪怕明知是死，也會帶頭奮起反抗，至少這樣還有可能不被屠村。

多麼可怕的習得性無助。原本不甘就這麼赴死的他，硬生生跟著其他人一起，像溫順的羊一樣，屈從於越來越不利的生存環境，放棄反抗、求助，直至喪失了求生的意志。人就是這麼脆弱如葦，一旦拒絕思考，就真的什麼也不願想，什麼也選不了，什麼也做不到了。

告別無助，習得幸福

很多人從出生便被告知，你這一生要追逐的目標是——幸福。於是，在成長的道路上不斷跌倒，一次次爬起，又一次次被撞得頭破血流，甚至徹底墜入深淵。最後發現，即使已傾盡了全力，非旦沒能離這個目標更近，反而漸行漸遠。

那麼，我們到底該如何在尋找愛和獲得幸福的情感之路上，告別無助、習得幸福呢？

首先，認清並讀懂自我。通過閱讀一些心理學方面的普及性書籍，讓思維認知更加清晰和理智，學會分析、理解自己習得性無助產生的根由和表象。你在逐漸修正自我認知的過程中，也會逐漸在時間和生活中學會如何看清內心的需求。如果你明知愛已逝、情已殤、心已死，那就勇敢地面對分手。傷痛雖真實存在，但你在腦海中虛構的無盡折磨卻並不存在，所以何必一次次地在自己想像的「隔斷板」或「玻璃門」前停住腳步，拒絕面對真實呢？

其次，體驗成功的樂趣。你在情感中的習得性無助多半也是由生活、工作中的經歷泛化而來的，因此我們可以在日常生活和工作中為自己創設成功的機會和條件，體驗成功的樂趣，從而強化內心「我行」、「我可以做到」等正面激勵性質的自我認知。比如說，努力做好自己的工作贏得同事和主管的認可；積極參加團體活動並發揮自己的特長，獲得好成績；在自己的某項興趣愛好上繼續精進，並取得令人讚許的進步；不斷豐富自己的內涵，讓自己在不同的社交場合都能表現得從容自如；幫助父母分擔家務、更加關心他們的身體健康、得到他們情感上的認同……

社會學習理論的創始人、美國當代著名心理學家班杜拉（Albert Bandura）曾說過：「一次小小的成功，如果能讓個體相信自己具備了成功所需要的條件，往往能使他們超越現在的行為表現，達到更高的成績，甚至能讓他們在新的活動中取得成功。」

所以，生活和工作中一次次小的成功，能夠讓你在體驗成功的樂趣之後，鼓舞自我、鞭策自我，獲得信心。

最後，讓內心更加堅強。歸因理論認為，一個人將他的成功與失敗歸因於什麼樣的因素和任務，會影響他對將來成功的期望，並由此影響動機。陷入習得性無助的你，總是傾向於將情感的失敗歸因於內部、穩定、不可控等因素。在你的眼中，親密關係的失敗是不可控的，是由你與生俱來的缺陷或內在能力的不足造成的，即使再怎麼努力也無法改變。這樣毫不理智地對待失敗，對情感中的失敗進行消極的歸因，你的習得性無助就只會進一步加重。

現實生活中，經歷了風雨不一定有彩虹，但是不經歷風雨，一定不會有彩虹。所以，要學會強大自己的內心，學會讓磨難成為成長最好的動力。生命總是布滿荊棘，你越是敏感脆弱，越要比別人更加努力地樹立信心和勇氣，做一個敢愛敢恨的人，有能力去把握愛，也有自信去否定愛。

馬克思曾說過：「生活就像海洋，只有意志堅強的人，才能到達彼岸。」

願正經受著愛情磨難的你早日振作起來，為了充滿希望的明天義無反顧、執著向前。

9 優越感，愛情裡無法融化的堅冰

我身邊有不少這樣的女孩：單身的，特別嚮往帥氣多金的男人，開口閉口「我理想的對象年薪不能低於多少多少萬」；有伴侶的呢，則總是挑剔伴侶太無趣，不給自己買這個買那個，不能對自己更好一點，嘴上雖沒說出「以我的條件，想要找個比你更好的挺容易」這樣的話，但相處中處處表達出這樣的意思。

前者，一直在自怨自艾中苦歎，為何總是找不到對象？後者，則大多在伴侶「不在沉默中爆發，就在沉默中滅亡」的憤怒和壓抑中被甩。

也許會有人說，要求男人多金、要求男人對自己好一點也沒錯啊，生活總得有點目標吧，如果都不知道自己想要什麼的話，那該怎麼去努力達成願望呢？

但事實真的是這樣嗎？當你不斷嫌棄對方沒錢或不夠體貼時，往往不只是對生活目標的追求，是一種高高在上的優越感。而這種優越感，卻可能毀掉你的愛情。

太自我感覺良好，「忠犬」也會離你而去

我有一個朋友，去年年底跟結婚五年的丈夫辦了離婚手續。他們是在工作中認識的，我這位朋友人長得漂亮，家境也不錯，相比之下，她丈夫就稍微遜色一些。正因為這樣，在戀愛時，她一直姿態有些高傲，認為自己的條件不錯，心理上帶有很強的優越感，再加上是對方追自己，更助長了這份囂張氣焰，基本上她說什麼便是什麼。她丈夫性格溫和，也不跟她計較太多，總是在細節上遷就她、照顧她，讓她感到踏實而滿足。

婚後，丈夫在家幾乎什麼都會幫她分擔。照理說，這樣的男人應該是很多女人夢寐以求的暖男啊，但也許是被寵壞了，也許是日子過得太久、太平淡，她看丈夫越來越不順眼，總覺得他一點男子漢氣概都沒有。結婚都兩年多了還住著租的房子，事業也沒見他有多上進，總是一下班就回家琢磨自己那點小愛好，或者圍上圍裙做飯，一副「家庭煮夫」的模樣。

她看到自己朋友圈裡，人家的丈夫今天帶著妻子去這裡玩，明天去那裡玩，而自己卻守著這樣一個「暖男」，在寒酸的出租屋裡過日子。她的脾氣一天比一天大，丈夫的臉色也一天比一天陰沉，兩個人沒幾天就大吵一頓，往日的恩愛與甜蜜一去不復返。

終於有一天，她埋怨丈夫把青菜炒得太鹹，丈夫跟她爭執兩句後，她衝動地提出了離婚，丈夫疑遲幾秒後同意了，當天就搬走，從此消失在她的生活中。剛開始她還不以為然，等著丈夫上門來請罪，直到收到離婚協議書的那一刻，她才明白已經失去這段婚姻了。

離婚後的她，從最初的憤怒到後來陷入無法自拔的自責，再到現在有些輕度抑鬱，身邊的人無不感到惋惜。記得在前兩年，她偶爾會打電話對我控訴丈夫的諸多毛病，我勸過她好幾次：「你當初看中的就是他性格溫和又顧家，結婚後，他也沒變得更壞啊，為什麼你有這麼多不滿？」她說：「我只是想激勵他，讓他變得更優秀，也是為了我們的將來好。」我說：「那如果你老公總是對你有各種不滿，目的是激勵你變得更好，你能接受嗎？」她很不以為然地說：「必然不能，他若性格不好，敢那樣對我，我怎麼可能會考慮他？」

你看出什麼感覺來了嗎？她言語間是不是帶著絲絲的優越感，「他若性格不好，敢那樣對我，我怎麼可能會考慮他」，話外音就是「我條件這麼好肯定能找到比他更好的，但他性格不錯，我就勉強同意在一起了」。

優越感永遠換不來真心愛

在愛情中生出些許優越感是很常見的事情，而優越感之所以存在，最大的根由就是比較，你在內心暗自比較自己和伴侶的家庭背景、收入、外在條件、性格差異等，在對比中產生一種優於對方的感覺。當你認為自身的優勢更強，可以找到更好的另一半時，你就會時不時地用這樣的優越感去「打壓」、「吐槽」，直到激怒對方。而在感情中，每個人都是有自尊的，他之所以寵你遷就你寬容你，無非是因為愛你，但你絕不能肆意揮霍他對你的愛，誰都不願卑微到塵埃裡去愛一個人，無論你自認為自己有多高貴，若想擁有一段和諧的親密關係，一定要用雙方平等互信的模式相處。

那優越感到底是什麼？人的優越感是如何產生的呢？

心理學家對優越感的解讀是，顯示蔑視或自負的性質或狀態，是一種自我意識。大多數人都會不同程度地擁有某種優越感，比如說職業優越感，長相上的優越感等。簡單地說，就是認為自己在某些方面比別人優秀、強於別人的心理狀態。

奧地利心理學家阿德勒（Alfred Adler）認為，人的總目標是追求「優越性」，是要擺脫自卑感以求得到優越感。他把人的整個生命動機作用完全歸結為擺脫自卑感的補償作用。他認為優越感就是想盡辦法追求權力，企圖凌駕於他人之上的願望。具有優越感的人，常常容易以不適當的方式表現出這種心理狀態。

阿德勒指出，個體的追求優越感是以另一個重要的心理學事實為前提，即人的自卑感。所有的兒童都有一種天生的自卑感，它激發兒童的想像力，激勵他們嘗試通過改善自己的處境來消除內心的自卑感，而且個人處境的改善會緩和自卑感。心理學上把這種現象稱為心理補償。

另外，有心理學方面的研究表明：人普遍有一種自我優越感，而且一個人的行為、情緒往往與這一優越感有著極大的關聯；一旦他意識到別人的可笑幼稚，那種優越感便會給自我一個愉快的獎勵。反之，優越感如果遭遇自我的失敗，而這失敗是對方造成的，他便會產生一種近乎專橫的粗暴，並通過情緒、行為或語言把這種粗暴施加於對方，有時候甚至會達到一種不挫敗對方就不解恨的狀態。這是人性的弱點，也是一個心理陰暗面，可它卻頻繁地發生在我們的生活中。

我的那位朋友，在戀愛、婚姻中就一直保持著自己的優越感，心裡暗自掂量著，我比丈夫的條件好，我原本可以找到比他更好的，卻下嫁給他，所以，他是不是該為我付出更多？她不明白，即便她的條件再優越，如果不付出自己的真心，總用挑剔刻薄的眼光看待對方，她的愛情也會在所謂的優越感中被消磨殆盡。

找到平衡點，你也可以優越又愉悅

優越感是一種很普遍很正常的情緒，畢竟我們每個人擁有的背景、天賦、個性都不一樣，有優越感和自卑感是人之常情，它不是一種罪惡。但如果我們的視野總是局限於自身優勢和他人缺點上，無法將自身的格局和眼界放得更開闊一點，必然會被這種因浮華的擁有而導致的優越感蒙蔽了雙眼與心智。

南宋詞人辛棄疾曾說：「無窮宇宙，人是一粟太倉中。」一個人寄居於天地間，猶如滄海一粟，真是渺小得很，所以我們需要客觀地看待自己。

當你意識到自己在感情中總有一種凌駕於對方之上的感覺時，你就該嘗試著問問自己，你的優越感真的如你想像的一樣存在嗎？你認為的優勢在對方看來真的是優勢嗎？靜心反思，你的這種優越感會讓你得到什麼，如果過度膨脹了，忘了自己的不足，總是嫌棄挑剔對方，缺乏包容心，那就需要克制，否則結局只是傷人傷己。

有人說，秀優越感猶如秀內褲——這東西應該有但是不應該秀。總有人問我怎樣才是戀人間最好的相處模式，我的回答是：你們的相處不會激起對方的自卑感和優越感！如果你無法脫下自身那層「虛偽」的優越感，那它就會成為愛情裡無法融化的堅冰，最後受傷的還是自己。

不對稱的優越感猶如達摩克利斯之劍[註3]，時時暗藏著危機。但優越感並非壞事，如果你將它控制在一個可接受的範圍內，找到相對穩定的平衡點，你的這種優越感將會真正成為你的優勢。

註1：眶額皮層：人類情緒產生的主要神經機制。有證據顯示，它是介於自動情緒反應（包括習得和非習得）的腦機制與控制複雜行為的腦機制之間的介面。

註2：跪舔：跪下來舔對方的腳趾，寓意是指一方完全聽從另一方的，毫無底線，無盡地討好和忍讓。

註3：達摩克利斯之劍：傳說古希臘狄奧尼修斯國王二世，統治著一座西西里最富庶的城市，一個叫達摩克利斯的朝臣特別喜歡奉承他，聽膩了奉承的狄奧尼修斯二世有一天要達摩克利斯與他交換一天身分。當達摩克利斯享受時，突然發現天花板上倒懸著一把鋒利的寶劍。狄奧尼修斯二世對他表示，劍代表風險永遠與權力同在。「達摩克利斯之劍」通常指時刻存在的危險，或者隨時要有危機意識。

Part 2

相處的黃金準則，你記住了嗎？

1 快施展以柔克剛的利器：撒嬌

生活中，我經常聽到一些女孩對男人的各種抱怨，有困擾暗戀的男生拿自己當哥們兒的，有生氣男友對自己不溫柔不體貼的，有哀傷老公對自己不聞不問的……

遇到這樣的情況該怎麼辦呢？如果任由事態發展，不管不顧，得過且過，只會讓局面越發不可收拾。

到底有什麼靈丹妙藥能解決這些問題呢？有不止一個學員對我說，她們的朋友給她們開出的「藥方」就是兩個字——撒嬌。撒嬌真的能解決戀人相處中的一切問題嗎？以下，我們就來聊一聊撒嬌這個話題。

撒嬌能直擊男人死穴

提到撒嬌，相信很多人腦海中都會閃現一部電影，那就是《撒嬌女人最好命》。在電影中，黃曉明飾演的恭志強被隋棠飾演的撒嬌女蓓蓓迷得暈頭轉向，蓓蓓那句「討厭，人家不喜歡吃兔兔的啦，兔兔好可憐的嘿」，讓恭志強聽得心都化了。身為「好基友」的張慧（周迅飾演），為了搶回心愛的男人，在眾多閨密的言傳身教下，一改往日女漢子的形象，努力學習各種撒嬌技巧，開始了一段艱苦卓絕卻啼笑皆非的自我改造之旅。

撒嬌竟然有如此威力。那麼究竟什麼是撒嬌呢？心理學上對撒嬌的解釋是：人際關係中玩得最細膩曖昧且複雜的心理角力和權術遊戲。也就是說為了某事或者某人，通過示弱的方式達到心理預想的目的。

對於撒嬌，每個男人都能一眼看透，但又甘之如飴地享受著撒嬌帶來的甜蜜感。心理學家曾做過一個關於撒嬌的問卷調查，結果顯示，九九%的男人對女人的撒嬌都毫無抵抗力。這樣看來，撒嬌就像是一把溫柔的刀，能直擊男人的死穴。

我有一個閨密，名叫娜娜，前兩天她和老公商量著想把家裡的沙發給換了，老公想買皮質沙發，覺得大氣耐用，娜娜卻想買布藝沙發，覺得好看且舒適，而且她特別受不了皮質沙發那股皮革味。去傢俱店看沙發時，兩人差點吵起來，後來不歡而散，彼此都憋足了勁，互不退讓。娜娜打電話找我發洩說：「他一個大男人怎麼就不能遷就我一下呢？再說了，我確實聞不了皮具的味道。」

我說：「你想達成目的，來硬的不成，那就來軟的嘛，幹嘛要跟他針鋒相對呢？你回去問他餓不餓，煮碗麵給他，然後撒個嬌，再試試。」

沒過一天，娜娜打來電話，興奮地說：「還真管用，我以前怎麼就沒想到以柔克剛這一招呢？」

將自己的柔軟向他敞開

人的一生之中，有兩方面的能力需要重點培養：一是自己獨立生活的能力；二是依賴他人的能力。

撒嬌衡量的就是一個人是否擁有足夠的安全感，能否將自己柔軟的那部分向他人敞開，是否可以讓其他人感覺自己的感覺，形成一種情緒上的共鳴。

不會撒嬌的人，往往是過度發展了自己獨立的能力。她們往往很擅長單兵作戰，卻沒有積極地發展與人合作的能力。她們的身邊往往圍繞著一群吸血鬼式的朋友，這些朋友習慣了她們的奉獻與付出，卻對她們的情感和感受視而不見。

我曾有一個離過婚的學員，叫小麗，生活中的她堅強獨立。一次聊天中，她突然跟我說她決定辭職了，我很驚訝，問她怎麼說辭就辭。因為我記得她曾說過，她一畢業就進了那家公司，安心待了六年，而且已做到部門經理，深得老闆器重，老闆還承諾不久就會給她升職加薪。

她平靜地說，公司最近來了個女人，除了會裝乖賣萌，沒有什麼真本事，老闆卻對她言聽計從。犯同樣的錯誤，自己會被老闆責罵，而她卻沒事。讓小麗決定辭職的最後一根稻草，是老闆將這個嗲女同事提到部門經理的職位。小麗心中憤憤不平——為什麼有人靠嘴皮子就可以輕易升職，自己腳踏實地、默默苦幹，卻得不到應得的重視？

辭職後的某天，在一個同行聚會上，小麗再次見到前老闆，前老闆說：「本來我很看好你，也以為你一直對公司給的待遇很滿意呢，看來是我想當然了。」當時她就震住了，這句話太熟悉了，每次吵架，前夫說的最多的就是「我一直以為你很滿意啊」。直到那一刻她才明白，原來生活中她有太多的不滿，卻都習慣性地自我消化了。

從小到大，做為家中的長女，她承載著父母的期望，被賦予照顧妹妹的使命，被迫堅強，習慣了承擔，卻從未學會軟下心來求助於他人，哪怕是向心愛的人示弱。與其說是那個會撒嬌的女人把她從公司逼走，倒不如說是她敗給了過於堅強的自己。

結合上面的這些案例，可以從兩個層面來解析撒嬌：在個人心理層面，撒嬌可以為撒嬌者帶來放鬆和安全感；在對關係的影響層面，撒嬌能夠融合親密關係，達成個人目的，烘托氣氛。

為什麼撒嬌能讓關係更親密呢？如前所述，撒嬌是適當的示弱，而同情和保護弱者是人的天性。當我們是弱者，被人欺負的時候，我們非常希望有人幫我們。同樣，當別人是弱者，被欺負的時候，我們出於本能，自然就會傾向於他。所以說，撒嬌的背後是一種情感的互動、分享和傾訴，這種行為恰恰迎合了人們想要保護弱者的心理，而毫無疑問，它對親密關係的發展是大有好處的。

撒嬌女人最好命

撒嬌這個女人獨有的祕密武器，你可以不用，但不可以不會。當你和男友或丈夫發生爭執和矛盾，特別是當你明顯理虧或對方非常氣憤的時候，據理力爭、賭氣冷戰只會對你們的關係產生更大傷害。這個時候，你或許該換個套路，試試撒嬌這個祕密武器。

到底該怎麼撒嬌呢？說到這裡，我不由得想起一個撒嬌界的榜樣人物，那就是「色小鬼」蠟筆小新。大家可以回想一下，小新一噘嘴、一皺眉、一咬嘴唇、一歪頭，再加上那招牌式的哀求眼神，就算你再暴躁，見他這副表情，還忍心拒絕他的任何要求嗎？

如果你實在不知道怎麼撒嬌，可以把言語中的「我」換成「人家」試試，例如，「我要吃飯」變成「人家要吃飯」，語氣是不是立馬就變得嬌柔靦腆了？另外，要多用語氣詞，例如「真的呀」、「好耶」，同時聲音溫柔，而且尾音可以拖得更長些。

不過，撒嬌是一種非常情緒式的表達，包含豐富的情感，所以它不太適合理性、正式的場合。比如一個男人在自己的上司或下屬面前，碰到女友或妻子撒嬌，他可能就會很焦慮。另外，一定要把握好撒嬌的程度，可別像《撒嬌女人最好命》中的撒嬌女蓓蓓一樣，撒嬌的程度深到讓人厭煩跟她相處。記住，凡事過猶不及。

把握住了以上幾點注意事項，撒的嬌才恰如其分，才能夠充分展現你的柔美，烘托他的剛毅，抒發你難言的委屈和不悅，喚醒他心中的疼愛與呵護。

撒嬌是以柔克剛的利器，只要你撒的嬌不慍不火、恰到好處，相信你的他一定會「再怎麼心如鋼鐵也成繞指柔」！

2 學會共情溝通，為完美關係打好基石

「我實在沒辦法跟他溝通」，這大概是我做情感諮詢以來聽到頻率最高的一句話，短短一句話，卻包含著豐富的資訊。說出這樣的話，說明抱怨者在意這個跟他溝通的人，且曾努力嘗試著去溝通，只是多次嘗試後效果並不理想。

如果這個問題發生在親密關係中，則極有可能導致情感危機，需要對此有足夠的重視。不然等到想重新去溝通時，你可能會發現已經錯過了最佳時機，矛盾已經發展到無法收拾的程度了。

親密關係中出現雙方無法溝通的情況，其實就是因為雙方在價值觀念、出發點以及看問題的角度等方面有較大的差異。例如，男友忘記了你的生日，你很生氣地跟男友吵架。男友很快就補上了給你的生日禮物，你卻仍舊不依不饒。於是男友覺得，不就一件小事，至於嗎？但你卻覺得，連我生日都記不住，分明是不愛我。可見，溝通十分重要。

你們的溝通還好嗎？

學員艾薇的丈夫邁克是一個銷售主管。有段時間，她丈夫應酬很多，再加上工作不順心，在家情緒不太好，聊天也顯得心不在焉。終於在某一天，因為一個梨，兩人之間爆發了一場「血戰」。

那一晚，窗外下著大雨，家裡氣氛也不算融洽。邁克用葛優癱[註4]的姿勢躺在沙發上，跟正在拖地的艾薇說：「今天談專案談得嗓子都啞了，給我削個梨。」艾薇聽著他居高臨下的吩咐，氣不打一處來，不耐煩地回絕道：「要吃不會自己動手啊。」丈夫覺得艾薇不懂關心和體貼人，指責了她幾句，艾薇當然不接受，於是兩人就發生了激烈的爭執。

學員喵小姐也總是對我抱怨男友不尊重她，她說：「很多時候，我都希望跟他來一場平等、真誠的深度溝通，我希望他能感受到我的想法和情緒，希望我們的關係能更穩固和諧，但他每次都指責我太自私，不考慮他的感受，結果都在更大的失望中結束我們的談話。」

泰戈爾曾說過：「要是愛情不允許彼此之間有所差異，那麼為什麼世界上到處都有差異呢？」親密關係中的兩人存在差異是必然的，而出現爭吵也是再正常不過的情況了，可是為什麼有的情侶就能處理好這種差異，讓差異變成一種吸引力，有的情侶卻因為差異而分道揚鑣了呢？

沒有共情，是溝通不暢的根源

相信很多人都有過和艾薇或喵小姐類似的經歷，一言不合便黑臉，開啟咄咄逼人、語出傷人的懟人模式。於是，無論在人際交往中，還是在夫妻勸架時，我們總能聽到這樣的勸慰：「換位思考一下。」「己所不欲、勿施於人。」「你若是他，你會怎麼做？」

換位思考這個方式大家都不陌生，但是在實際交往中，要做到這一點還是很有難度的。那麼，怎麼才能做到將心比心、感同身受呢？心理學給了答案——培養共情能力。

共情是美國心理學家、人本主義心理學開創者卡爾・羅傑斯（Carl Ransom Rogers）提出的，起初做為一種心理諮詢師們接待來訪者的治療理念而存在，主要涉及對他人想法、情緒的體會和理解，以及站在他人的角度思考和處理問題的能力。後來，這一概念被廣泛地運用到人際交往當中，但共情能力的建立，絕非易事。

有時候另一半批評或指責你，許多話聽上去很不公平，或是與你的觀點大相徑庭，這時就需要你從「對方的成長過程」、「當下所處的環境」以及「想要得到什麼」等因素來綜合考慮，從而理解並接納對方的觀點與情緒。

大多數人並不能很好地傾聽，尤其當自己不開心的時候，並不會去理會別人的想法和情緒，或是從他人的話語中分析原因，相反，他們更傾向於自我保護並認為對方是錯的。

就像艾薇一樣，她如果能準確地察覺到丈夫的情緒，或者留心丈夫說的話，換一種方式跟丈夫溝通，他們也不至於因為一個梨爆發一場「血戰」。

回到當時的場景：邁克在家情緒不好，說話也有氣無力的。這時如果艾薇問一句：「親愛的，怎麼感覺你有點不開心啊？是累了嗎？」先接納丈夫的情緒，然後去關心為什麼會有這樣的情緒。我相信，邁克一定會敞開心扉，跟她聊一聊工作、專案上的煩心事，而且，以合適的方式向伴侶傾訴內心，也能在一定程度上緩解和釋放壓力。這樣不僅不會爆發後面的爭吵，還能促進夫妻間的感情交流。

心理學家曾經做過一個很有意思的實驗，實驗的目的是調查心理諮詢師感受來訪者情緒的準確程度。八位心理諮詢師在幾個小時內與七十名剛剛入院的來訪者進行了面談，這些來訪者都有不同類別的情感問題。在面談結束後，每位來訪者都要做一個簡短但準確度較高的情緒測試，例如，抑鬱、焦慮和憤怒等。通過測試，瞭解來訪者此時此刻的感受。每位來訪者都要為與其面談過的心理諮詢師在「溫暖程度」和「同情程度」兩個維度進行打分。與此同時，對參與面談的心理諮詢師進行問卷調查，猜測不同的來訪者可能給出的答案。

心理諮詢師早已知道這項研究是為了調查他們對來訪者分析的準確度，所以千方百計地想要猜中來訪者的答案。但結果表明，心理諮詢師對來訪者感受的瞭解與來訪者實際的感受完全沒有關係。也就是說，心理諮詢師花了二～三小時的時間與來訪者面談，分析來訪者的感受，並自認已經對其非常瞭解，但實際上他們的瞭解程度比自己想像的要低得多。

這個實驗告訴我們，很多時候，當你認為瞭解別人的感受時，事實卻可能正好相反。我們並不瞭解自己的朋友、戀人、親人，卻自以為是地認為能跟他們共情，在不斷自以為是的過程中不斷犯錯。就像喵小姐一樣，她自認為她單方面積極主動地與男友溝通了，就可以達到良好的效果，然而，她卻忽略了很重要的一點——溝通的雙方是相互依存的關係，溝通的品質取決於雙方的溝通意願、情緒狀態和溝通技巧。

喜歡你的喜歡，討厭你的討厭

那麼，在生活中，我們該怎樣做到共情呢？在此我跟大家一起探討一下共情的幾個關鍵點，希望能幫助溝通不暢、不善溝通的朋友們。

一是情緒識別。這一點非常關鍵，通過觀察表情、神情舉止來感受對方的情緒，找到合適的方向去開展溝通。如果對方情緒比較低落，你還不停地講冷笑話，試圖製造輕鬆愉快的溝通環境，只會適得其反。

二是情緒理解。如果對方此刻是憤怒的，你還想跟他進行良好的溝通，那麼你就要接納他的憤怒。你只需說一句：「我知道你現在很生氣，我也理解你很憤怒的感受。」此刻，對方對你的敵意就消減了一半。不管你們後面聊到什麼，至少在一開始，他會覺得你有誠意，從而願意跟你交流。

三是情緒表達。當對方向你一吐內心的不快時，你無須著急為自己辯解或回應他，你只須重複一句他的話，加強對他情緒的接納，此時，對方對你的態度就會變得非常緩和，你們就能建立起安全的環境。在理解他的基礎之上，你再去表達自己的觀點，告訴對方你希望他做出的改變，你的溝通才可能是有效的、成功的，才算是一次良好的溝通。

四是情緒調節。鑑於以上三步已經打造了一個良好的基礎，此時，你可以根據你們遇到的具體問題，給出你的觀點和解決的建議。無論是嘗試說服對方，還是讓對方理解自己，都能在一個溫和平靜的氛圍下進行。而往往這個時候，恭喜你，你的溝通目的就要達成了。

3 就事論事，才能越吵越愛

兩個人在一起，無論是戀愛中，還是結婚後，拌拌嘴、吵吵架，都再正常不過。別說兩口子了，就算是國家與國家之間，彼此看不順眼也會互吐口水、進行各種言語攻擊，比如美國現任總統川普和墨西哥總統尼托曾對罵了半年之久，言辭激烈，毫不留情，令世人瞠目。

我一直覺得吵架這件事情，對情侶而言不可避免、不宜懈怠，同時也不能任性。吵得太頻繁會讓曾經的浪漫與溫情淡化不見，但永不吵架也會讓感情顯得有種相敬如賓的疏離感。所以，關於吵架，我總結出一句話，就是：「小吵怡情，大吵傷身，狂吵灰飛煙滅。」

那麼，現實生活中，我們為什麼總是忍不住要吵架？吵架的男女各是什麼心理？怎樣才能吵而不傷，或是更和諧地相處呢？這裡，我就與大家一起來探討這些問題。

你們為什麼而吵架？

曾經看到一個讓人難以置信的新聞，標題是「夫妻因幻想中彩票五百萬怎麼花而打架」。新聞講的是浙江一對夫妻半夜睡不著覺，躺在床上聊天，丈夫是個彩票迷，每天都幻想著中五百萬大獎。那天，丈夫說：「如果中了五百萬就可以買自己想要的一切了。」此刻，妻子立即興奮地加入討論，說著說著兩人產生了分歧，大吵起來，最後甚至動起手來。這種讓人哭笑不得的事情，現實生活中每一天都在上演。

回想一下，在你們的戀愛生活中，是不是會有這樣一些經歷：閒聊時，你突然無心地說出某句話，刺痛了對方的神經，然後星星之火瞬間燎原，問題和矛盾被不斷放大，最後歸結為一句話，就是「你變了」、「你不愛我了」、「你不想好好過日子了」等。有時候莫名其妙地吵架，到最後都想不起來到底是為什麼吵，就像那句網路經典語錄一樣：「走得太遠，以至於我們忘了為什麼而出發。」

細想一下，如果以吵架中的女方為參考對象，那麼吵架的緣由不外以下幾類。

第一類是庸人自擾型。正如那對幻想中獎的夫妻，在假想的前提下，為了一些還未發生的事情就吵起來。作家李敖有句名言：「人有遠慮，必有近憂。」也許你們在憧憬未來時，會為了假如公司裡有女孩子追求你怎麼辦、第一次海外遊是先去西雅圖還是馬德里、寶寶的教育方式、房子是買學區房還是偏遠一點的大房子等，不知不覺就吵了起來。如果冷靜地想想，你會發現為這些八字都沒一撇的事情而生氣吵架，毫無意義。

第二類是驕橫狂躁型。我有一個學員，因父母從小就對她非常溺愛，所以她脾氣很暴躁，稍有不順心就發脾氣洩憤。有一次因為看到男友跟女同事單獨吃飯，她不分青紅皂白就對男友一頓暴吼，男友覺得委屈，與她爭辯了幾句，她拿起玻璃杯就往地上砸，結果被濺起的碎片劃中眉心，縫了六針，留下了永久性的傷疤，悔恨不已。回想一下，在平日中，你是否也有蠻不講理、強詞奪理、無理取鬧的時候。男友的忍耐也有限度，當他忍無可忍之時，爭吵便會爆發。

第三類是敏感焦慮型。你那如福爾摩斯般敏感的神經，讓你從不放過任何值得懷疑和揣測的蛛絲馬跡。多疑和善妒是女人的天性，也許你會因為臉書朋友圈中男友女同事的一個點讚而追問男友是否會與女同事發生一夜情；也許你會因為男友勤於事業、忙於工作、疏忽了你們的戀愛紀念日、你的生日、中國情人節、西方情人節甚至是三八婦女節，沒有精心為你準備禮物而惱怒不已，挖出陳年舊事，不停數落，並將之都歸結為他不愛你，最終大吵大鬧，兩敗俱傷。

吵架的「九一定律」

關於吵架，心理學上有一個「九一定律」，意思是說，雖然你今天跟對方吵架，覺得是當下這件事引起了你的情緒反應，但是實際上九〇%是以前的事情引起了你的反應，而不是這現在的一〇%。

在戀愛關係裡，一般有兩種狀態：一種是我安全、我信任，所以我平和、我接受、我理解、我包容；另外一種是我不夠安全，不夠相信自己，所以我防禦，因為我不願意接受我不好。為什麼不能客觀地去看待這些事情呢？為什麼一定要通過吵架來發洩呢？

吵而不傷，越吵越愛

吵架在潛意識裡表達的是渴望被注意、被關注，渴望得到身體的接觸，畢竟最強有力的溝通還是身體的溝通，語言在很多的時候都是蒼白的。

美國電視心理學家麥克格勞（Phil McGraw）在分析一對夫妻的情感問題時曾指出，這對夫妻為了衣著、金錢、家庭或其他任何問題都能發生爭吵，而且吵架方式每次都一樣，這說明他們實際上根本不需要什麼原因就能吵架。麥克格勞說：「吵架是釋放緊張心理的一種方式，對夫妻關係其實也是有好處的，但必須就事論事，抓住某一件事情，而不能翻老帳、記舊仇。」

我認識一對情侶，他們自戀愛以來，幾乎每週都會爭吵，但無論是曾經短暫的遠距離戀愛，還是難以逾越的七年之癢，他們都從容度過，吵而不傷、越吵越愛。究其原因，兩個人每次吵架都會限定時間、限定主題、不翻舊帳、杜絕互相指責，他們認為相愛就是一種關係上的平衡，和諧相處是靜態平衡，小吵不斷是動態平衡，而他們就是在這種不斷磨合的動態平衡之中，通過吵架的方式來逐步消除隔閡和分歧，一步步達成共識。

他們甚至還調侃說：「愛情長時間地累積就會變成親情，轟轟烈烈的日子總會歸於平淡，不如偶爾順其自然地給生活加點料，說不定吵吵更健康呢。」說得也對，牙齒偶爾都會小心咬到舌頭呢，該吵就吵，講究方法，通過善意的爭吵解決現實中的問題也未嘗不可。

曾看到一個哲理小故事。故事說老爺爺和老奶奶經常吵架，吵了大半輩子，有一天他們終於累了，於是找到一位德高望重的智者，請教不吵架的良方。智者遞給他們每人一瓶神奇的液體，說：「這是我精心研製的神水，每當你們喋喋不休、吵鬧不停的時候，請立刻喝上一口，保證你們就不再吵架了。但是我的藥水很特別，要發揮它的藥效，必須含在嘴中不能咽下去。」老爺爺和老奶奶按照智者所說的去做，果然不再爭吵了。

當年看這故事的時候，我真的非常佩服這位智者，現在想來，終於明白，當爭吵的時候，適可而止，不要讓最傷人的話從你嘴裡說出來，才是真正的智慧。

當然，情侶也好，夫妻也罷，床頭吵架床尾和。爭吵之後的一個擁抱、一個親吻、一次愛愛也很重要，關鍵的是，你要放下架子、放下面子。就像笑話裡講的那樣，吵架之後，男孩摔門而出，咆哮道：「再進這個家門，我就是孫子！」過了一會兒，怒火平息之後，男孩敲著門喊道：「奶奶，我回來了！」如果此刻男孩手裡拿著一束鮮花，或者拎著準備晚上親自下廚烹飪的肉和青菜，那就更加完美了。

4 無話可聊，是愛情的第一殺手

忘了曾經在哪裡看到過這句話：「因為聊得來，我們在一起；因為聊不來，我們分開。」哲學家尼采也曾說過：「婚姻生活猶如長期對話，當你要邁入婚姻生活時，一定要先這樣反問自己，你是否能和這位伴侶在白頭偕老時，仍談笑風生？」

婚姻生活和戀愛中其餘的一切都是短暫的，你們在一起的大部分時光，都是在對話中度過的。反觀我曾走過的路以及身邊的情感案例，這句話簡直就是真理一樣的存在。

愛情中的「交流昏迷症」

我們總是渴望和心愛的人能親密無間，無話不聊，但大部分時候卻事與願違。我們明明還愛著，很想靠近，很想暢聊，卻發現彼此相對無言，只剩悲從中來的無奈。當兩個人聊不起來，彼此之間沒有應答和回饋時，就好像手中抓了一團空氣，慢慢地，你開始懷疑這段感情是否真實地存在。

很多學員不止一次地問我：「玲瓏姐，為什麼我跟男友之間越來越沉默？」

「我要怎樣做才能和男友有聊不完的話題？」

「為什麼我丈夫跟別人聊得很開心，跟我卻無話可說？」

學員的這些問題在現實生活中普遍存在，甚至可以說是一種社會現象。

西方國家曾進行過一項關於兩千名已婚人士的婚姻交流狀態的調查。調查結果顯示，雖然很多夫妻每天都會見面，但他們之間的交流卻變得越來越少。除去一起入睡的時間，四分之一的夫妻每天交談時間不到十分鐘；四％的調查對象因為工作太忙，完全忽視伴侶；

二五%的人已經記不清上一次與愛人溫馨地共進晚餐是什麼時候；還有三分之二的調查對象表示，相比於與伴侶在家共同做飯、吃飯，他們更享受用這些時間獨自上社交網站。

這樣的情況也同樣出現在臺灣、日本、韓國等亞洲國家，調查發現，中年夫妻之間的溝通正變得越來越少，尤其是三十歲～四十歲的夫妻，超過五〇%沒有太多的家庭內部交流。

這樣的資料不禁讓人感歎，「愛，終究難敵平淡的流年。」有人給這種在婚姻中無話可說的令人窒息的情況取了一個新名字，叫「交流昏迷症」，指的是夫妻雙方在家庭中嚴重缺少交流的情況。目前已經有很多婚戀專家將「無話可說」診斷為親密關係的「第一殺手」。

怎麼走到無話可聊這一步？

到底是什麼原因造成你們無話可說？我將親密關係中的無話可聊歸納為以下四種類型：

一是「迥異難聊」型。

性格上的不同、知識層次的差異，以及家庭文化、人生閱歷、興趣愛好、思維模式、表達方式等方面的差距，為你們的交流蒙上一層陰影，你可能以為愛情能彌合這一切，但聊天這種事，真的不是你想聊就能聊起來的。尤其是日復一日的相對無言和尷尬冷場，會讓兩顆心的距離越來越遠，一肚子話不知道該從何說起。

二是「忙而少聊」型。

很多人雖然在家庭中扮演著重要的角色，但在與家人的相處中，完全是一副冷漠的態度。最關鍵的是，在得知自己忽略了家庭溝通這個事實時，他們會著急地為自己辯解，「我太忙了」、「忙著見客戶」、「忙著接孩子」、「忙著做方案」、「忙著為夢想而奔波」、「我所做的就是想要讓家庭更幸福」。然而，當他們忙著讓家庭更幸福時，卻忘了思考一個幸福健康的家庭要靠什麼來建立。

三是「傷而不聊」型。

很多伴侶在發生爭執後，彼此懶得解釋，選擇用冷戰來抗議，從而導致矛盾越來越深，誇張的甚至可以很久都不跟對方講一句話。我有個朋友，曾因孩子教育的問題跟丈夫吵架，兩個人一個月沒說話，後來好不容易交流了，卻是兩個人拿著手機在房間用 Line 來吵架。

四是「無趣苦聊」型。

在生活中，你不善於表達自己，在朋友圈子裡，你經常扮演的就是話題終結者的角色，哪怕是閨密都能被你聊得「藍瘦」、「香菇」。你的思維總是跳躍性很強，讓他有些無所適從，跟不上你的節奏。有時你始終占據著主動權，他多次想打斷你都沒有機會，根本插不進來話，等你停下的時候，他卻又思路全無、無話可說。又或是當生活中的壓力如排山倒海般襲來之時，慌亂又焦躁的你很難做到靜心傾聽。尤其是累了一天後，回到家就只想安靜地躺著，即便此時愛人滿腹牢騷地尋求安慰，你會表現得少言寡語或冷淡麻木，對對方的傾訴、講述、絮叨充耳不聞，置之不理。

良好溝通的三步驟

到底該怎麼樣做，才能治癒「交流昏迷症」呢？我給大家三個建議，希望能挽救你們的聊天，讓你們的良好溝通從現在開始。

首先，聊他所愛，學會傾聽。發現和挖掘兩個人的共同點尤為重要。如果對方喜歡歷史、軍事、戰爭，你不妨讀讀並不枯燥的《明朝那些事情》，耐著性子看看真實動人的《我的團長我的團》，緊張刺激的《戰狼II》，長知識的同時，也能找到更好的話題點；如果他熱愛足球、美食，或是遊戲、音樂，你可以對照這些愛好，去學習、去瞭解，自然不愁聊不起來、聊不歡暢；你還可以稍微花點心思，去關注他的行業，他聊起工作來你也能略知一二，說不定還能站在旁觀者的角度出謀劃策。

除了會聊，還要會聽。古希臘哲學家德謨克利特（Democritus）有句名言：「只願說而不願聽，是貪婪的一種形式。」在親密關係中亦是如此。學會通過傾聽愛人的言語，去瞭解他的工作狀況，察覺他的情緒變化，嘗試著幫他分擔一些壓力。學會識別情緒，學會接納情緒，學會有技巧地跟他溝通，你們之間的聊天才能更愉快地進行下去。

其次，多些陪伴，共同成長。終成眷屬不是人生的終點，更不是愛情的終點。感情最好的狀態就是長相廝守的陪伴，見證彼此的成長。

忙碌又浮躁的我們在生活的壓力下和歲月的打磨中，一點點被溫水煮成半熟的青蛙，早已忘記或是失去了呵護愛情、陪伴愛人、滋養愛心的動力。有人說：「幸福之人並非擁有一切，只是盡力享受生活的賜予。」生命既然讓我們相識相知相愛，我們就應該珍惜這寶貴的饋贈。拒絕因為雞毛蒜皮的事情而冷戰，冷暴力只會讓局面進一步惡化，要堅信可以用溫暖之情去融化寒冷之心；消除「各自為戰」、「互不摻和」的隔閡和界限，獨樂樂不如眾樂樂，友好互動才能樂在其中。

閨密蕊蕊和丈夫下班回家時，明明可以乘坐地鐵或公車直接到家門口，可他們卻總會提前兩站下車，一起步行或騎單車，一路歡聲笑語聊到家。蕊蕊笑著說，生活每天都如同「大爆炸」，所以要見縫插針地給自己的愛情留點時間和空間，像他們這樣健身、環保又和諧，何樂而不為？找點空閒，抽點時間，多一些簡單又純真的陪伴，讓彼此參與對方的成長。

最後，放下手機，專注於彼此。一項覆蓋了一萬三千名成年人的國際調查顯示，四〇%的受訪者表示他們的伴侶對移動設備的關注比對他們的關注更多。不可否認，科技改變了我們的生活。對很多人而言，戀人一日不見不一定如隔三秋，手機一日不帶絕對是各種抓狂。

現實生活中，手機等各種可攜式電子設備占據了我們太多的時間和精力。也有很多情侶和夫妻曾因對方專注於手機、忽略自己而發生爭吵。我的一位朋友為了改變這種現狀，甚至與丈夫「約法三章」，吃飯、上廁所、走路時不看手機，在一起的時候更多地把關注點放在彼此的身上，堅持一陣子後，兩人溝通的熱度有所恢復。

還有情侶和夫妻習慣於Line、簡訊溝通，但面對面溝通少之又少。殊不知，發送的文字資訊聽不出語氣，隔空的對話看不到表情。很多時候，聊著聊著就一言不合、惡語相向了。研究表明人類溝通由九三%的肢體語言、副語言和僅占七%的語言溝通組成。而心理學家通過對人類面部表情和肢體語言的研究發現，面對面溝通的效果遠遠好於其他形式的溝通。

由此可見，即使再忙、再累、再不想開口，你也最好能每天保持平和的心情，擠出時間與愛人面對面溝通，哪怕說點工作瑣事、新聞軼事，或是家長裡短、浪漫情話。這樣，溝通的溫熱度和舒適感就會在潛移默化中逐步上升，更融洽的親密關係也指日可待。

5 權力的遊戲：在解決問題時，找到相處之道

你爭贏了嗎？

有男友和已婚的朋友們可以問自己幾個問題：每次跟親愛的他吵完架，大部分時候是誰

先主動找對方？你們之間的一些小決定，例如去哪裡吃飯，走哪條路，去哪裡旅行，一般都是誰做主？面對重要的決定，你通常是直接收到通知，還是被邀請一起商量呢？每次主動要求結束聊天的是誰？

考慮完上述問題，我相信大家應該猜到以下的話題是什麼啦，沒錯，就是親密關係中的權力問題。在生活中，我們總是會因為一些或大或小的事跟伴侶發生衝突，其實偶爾有些小矛盾完全可以理解，畢竟完全民主和諧只是理想中的狀態，雙方之間的差異必然會讓彼此有分歧，這才是生活本來的樣子。

那什麼是親密關係中的權力呢？有學者給了這樣的解釋：親密關係中的權力是指親密關係中的一方改變另一方的思想、情感或行為，以使其與自己的偏愛相符合的能力或潛能，以及抵抗另一方施加影響企圖的能力或潛能。簡而言之，就是你什麼都聽我的就對了。

朋友蜜芽最近快被與男友的冷戰弄到抑鬱了。她咬牙切齒地跟我說：「這一次我再怎麼忍不住，也絕不先找他，老娘實在受夠了他每次等我道歉的姿態。錯是兩人一起犯的，憑什麼先低頭的是我？」

看著她一副認真生氣的模樣，我說：「嗯，對，一定要堅持到底，堅持就是勝利，勝利了你就贏了，贏了之後他就對你俯首貼耳啦！」

蜜芽沮喪地說：「唉，這次贏了又能怎樣，將來還會有無數次妥協等著我去做。一直以來，我都是被通知的那個，看電影、吃飯、旅遊基本上都是他來定時間地點，看似好像不用我操心，但有些事情我是需要參與的，但他大多數時候都一併忽視了，我就跟個隨從一樣，就沒見過控制欲這麼強的人。」

其實像蜜芽這樣的狀態，在戀愛關係中是很常見的。就拿我自己來說，我也經歷過這樣的時期，記得剛跟B先生談戀愛時，他就認真地對我說：「我對身邊的人要求很高，你能接受這一點嗎？」這句話對一心想要跟他在一起的我來說簡直像是一張唾手可得的戀愛入場券，此時不出手更待何時，於是我一邊雀躍著告訴他完全可以接受，一邊幻想著戀愛後種種幸福的場景。然而在一起後的現實骨感到讓我肉疼，我們能否和諧相處完全取決於我的態度，我若滿心歡喜地配合他，那就皆大歡喜，我若哪天非要與他對著幹，那迎接我的便是一場腥風血雨。

權力之爭的起因

曾有心理學家將夫妻權力分配模式分為丈夫支配型、妻子支配型、平權型及自主決策型四種類型。日本社會學家柏熊岬二曾做過一個夫妻權力對青少年社會化影響的調查，在調查中，他將夫妻權力分配模式劃分為丈夫主宰型、妻子主宰型、協商型和分工型。

綜合這些研究，結合我們在生活中的觀察和感受，可以將親密關係中的權力分配講得更通俗一點，那就是以下四種：「主要聽你」、「主要聽我」、「遇事我們一起協商」和「你按照你的想法來，我按照我的想法來」。

但讓人不解的是，在親密關係中，除了友好地協商和彼此互不干涉外，為什麼彼此相愛的兩個人還會如此計較得失、迷戀權力之爭呢？我總結了以下幾點原因。

第一，情感付出不對等。一段關係中，如果一方比另一方投入更多，就意味著付出多的一方會更多地考慮到對方的需求，同時也給多付出一方施加了不斷主動付出的義務，也就是在權力的天平上不斷給對方增加砝碼。所以，當雙方投入的程度不同時，就勢必會讓雙方權力產生差異。就像蜜芽和男友的狀態，他們其實就是在計較情感付出的多少，蜜芽覺得每次都是她去低頭求和，而男友就等著她道歉，對她來說這實在不是一件公平的事。

第二，自我價值感作祟。彼此都認為自己是對的、是更好的，企圖通過權力之爭來向伴侶宣告：在這段關係裡，我享有權力來維護自己在意的東西，而我在意的就是個人的尊嚴、自我價值、安全感和自我認同的完整性。我要讓你認同我，看到我的價值！

第三，社會意識形態的轉變。大家都知道，在古代，夫妻是沒有權力之爭的，因為相夫教子、勤儉持家就是一個女人一生的職責，丈夫做為一家之主擁有絕對的權威，妻子要絕對服從丈夫的意志。表面上，這樣的關係是和諧的，但這種和諧以犧牲女人的權力、自由和個人意志做為代價。當今社會，女性的權益受到社會各界的廣泛關注，女人在家庭中的地位也在逐步上升，越來越多的職場女性和女強人為新女性代言，這種社會意識形態的轉變，讓廣大女性無論是在思想上還是行為上都越來越獨立、有個性，因此，在親密關係中與伴侶有衝突也就不足為奇了。

第四，性格的差異。我們每個人身上都埋藏著無盡的寶藏，但並不是所有人都有耐心和信心去挖掘，因為尋寶的過程荊棘密布，一不小心就會讓你遍體鱗傷，而且，對方身上那些與自己格格不入的思維方式和價值觀，也會讓很多人中途放棄。

正確應對冰與火之歌，坐上你的「鐵王座」

美國心理學家蘇珊・坎貝爾（Susan Campbell）提出親密關係中的五個發展階段，分別是：浪漫期、權力爭奪期、穩定期、承諾期和共同創造期。從她的理論，我們不難看出，浪漫的熱戀期過後，隨之而來的權力之爭其實是讓關係更穩定的一個考驗，如果能很好地度過這一階段，你們的關係就會逐漸趨向穩定，有開花結果之望。不過，也有的人因為害怕付出與回報不對等，會刻意地減少在感情中的投入，以獲得親密關係中的權力優勢。但權力真的是我們在親密關係中所追求的終極目標嗎？到底該如何應對你們的權力之爭呢？

首先，瞭解自己和伴侶要的是什麼。比如當你們為一件事而爭執時，你可以在內心試著問自己：「我是要吵贏對方還是想讓我們的關係更融洽？」如果答案是後者，就不要做與此目的相反的事，放下你的不滿，嘗試與他溫和地溝通。當彼此都知道對方想要什麼的時候，你們就會在吵架前達成共識，避免一觸即發的戰爭。記得朋友小A曾跟我說，每次在察覺到與男友有發生爭執苗頭的時候，她就會很冷靜地跟男友說：「我不想吵架，不想贏你，也不想讓你生氣，我只想好好跟你相處……」聽到這話，男友即使再生氣，怒火也消了大半。

其次，在爭執時，你需要保持和善而堅定的態度。所謂和善就是溫和而平靜地去溝通，堅定則是指不要放棄自己的原則和底線，不要因害怕麻煩而一味地去迎合對方或乾脆逃避。其實之前提到的蜜芽，她當時最該做的就是冷靜地分析這次到底是誰錯在先，如果是她錯在先，那就主動去道歉、解釋，緩解兩人的矛盾，但如果確實不是她的錯，而男友也絲毫沒有道歉的意思，蜜芽其實可以選擇冷處理。另外，蜜芽還應該在適當的時候，跟男友深度誠懇地溝通一下冷戰和求和的問題，兩人達成共識，而不是遇到問題就彼此較勁。

最後，我想說的是，在親密關係中，我們對另一半懷有美好的期待，這本身並沒有錯，但如果你總是試圖通過控制對方來滿足自己的期待，你們的關係就會很容易陷入權力爭奪的泥淖，導致兩敗俱傷。面對因差異而產生的爭執，你要做的就是以正確的心態來接納這些權力之爭，然後在爭執的過程中，不斷地去反思和總結，找到屬於你們兩人的相處之道。

6 將你的患得患失釀成愛的調味料

很多人總是習慣性地在做事之前思量再三、猶豫不決，做完之後又憂心忡忡，害怕結果不是自己想要的。除此之外，還特別在意他人對自己的評價，計較得與失，在患得患失的消極情緒中，忽略了生命中更美的風景。

愛情中亦是如此，當愛情來臨時，我們不知道該怎麼迎接，生怕「惹惱」了他；愛情甜蜜時，憂心他在某天突然棄我而去；相處時，糾結於愛的付出與回報，害怕太投入，自己會沉溺，也擔心付出太多，得不到期待的回應。於是，變得不敢靠近，不敢輕易付出。

患得患失是因為你迷戀

這裡不說學員的例子，分享一段我戀愛時的經歷。

大學時，跟暗戀已久的男神成為戀人後，我每天開心得跟彌勒佛一樣，生活就是吃飯睡覺談戀愛，心甜如蜜，自我感覺沒有比那時更完美的狀態了。但熱戀期沒過多久，我就開始變得多愁善感。也許是因為我們有了第一次爭吵，也許是因為他對我說話的態度越來越隨意，也許是得了愛情中女人的通病，我開始憂慮他是不是沒那麼喜歡我了。我這麼愛他，萬

「將來他娶了別人怎麼辦？失去他的痛苦是我斷然不能承受的。」

終日被這些憂慮所縈繞，導致我跟他在一起的時候總會不由自主地想，現在開心有什麼用，將來還不是要分開，自己鬱悶不說，把他也弄得莫名其妙，兩人之間的爭吵也越來越多，甚至一度想放棄彼此。現在想來，當時真的是被那些毫無意義的猜想弄得心煩意亂。

相信很多女孩都有過和我當初一樣的心態，無比渴望一段美滿而幸福的親密關係，期許著這段感情就是一輩子。由於期望太高，在戀愛初期，她們就給這段感情套上了沉重的枷鎖，隨著對彼此瞭解的加深，女孩會變得越來越沒有自信，對衝突表現得尤為敏感。生活就是以男友為中心，男友對她們的態度就是她們的晴雨錶，那種用生命在談戀愛的感覺讓她們逐漸失去自我，越發依附對方，直到對方厭倦而與她們結束這段感情。

曾看到一個故事：一位身經百戰、有著赫赫軍功的老將軍，在解甲歸田之後迷上了收藏古董，他對每一件古董都沉迷至極，每天擦了又擦，看了又看，總是把玩不停，興致不減。一次，一群好友受邀來到他家欣賞他的藏品，正當他喜笑顏開地為好友們介紹他最心愛的一只古董瓷瓶時，一不小心古董瓷瓶從手中滑落，他趕緊一抱，瓷瓶才沒有落到地上，可他卻在這一瞬間嚇得面如土色，滿臉是汗。這件事使他迷惑不已：自己戎馬半生，不知經歷了多少腥風血雨，為什麼一只瓷瓶滑落就讓他嚇成這樣？他想來想去也難以得到合理的答案。

他時常做夢，夢見古董或是跌得粉碎或是被盜去，甚至夢見房子倒塌砸碎了古董。妻子見他這樣很心疼，無意中說了一句：「那古瓷還不如摔碎算了，說不定你就不會這樣了。」將軍瞬間恍然大悟：因為過於迷戀，才會患得患失，這是自己製造的心魔啊。他一咬牙，真的將那只瓷瓶砸碎了，而就在那一夜，他破天荒地睡了一個安穩的覺。

愛情中的瓦倫達心態

女孩們的未雨綢繆和老將軍的擔驚受怕恰恰印證了心理學的一個理論——瓦倫達效應。

瓦倫達（Karl Wallenda）是美國著名的高空鋼索表演藝術家，以精彩、穩健的高超技藝聞名。他從來沒有出過事故，所以，當他所在的表演團有一次要為非常重要的客人表演時，決定派他上場。瓦倫達深知這次表演對他來說意味著什麼，所以他從表演的前一天開始就認真琢磨第二天要表演的每一個動作和細節。

演出開始了，這一次他沒有用保險繩。因為這麼多年來他從沒出過錯，他也完全相信自己。但沒想到的是，他剛剛走到鋼索中間，僅僅做了兩個難度不大的動作後，就從十公尺高的鋼索上摔了下來，一命嗚呼。

事情發生後，他的妻子說：「我知道這次一定會出事，因為他在出場前就不斷地說，這次太重要了，不能失敗。在以前的每次表演中，他只想著走好鋼絲這件事本身，不會管其他事情。」

事實上，瓦倫達太希望這次表演能成功，太重視結果，太患得患失了。如果他不去想這些走鋼索之外的事，像以前一樣，只專注於走鋼絲，以他豐富的經驗和技能，表演是不會出事的。心理學家把這種為了達到某種目的而變得患得患失的心態命名為「瓦倫達心態」。

女孩們在愛情中之所以會表現得患得患失，就是因為她們太想要一個好的結果，而忽視了情感培養的過程，忘了結果的好壞都是由過程中的一點一滴積累而成的。如果在感情一開始就暗示對方「我們未來是要結婚的」，或者一開始就因為害怕失去而表現得掏心掏肺，反而會嚇跑對方。

患得患失是愛情中的調味劑

因為在乎，所以害怕失去；因為害怕失去，所以越加在乎。這樣的惡性循環在戀愛中會被無限放大，當事人可能並不覺得，但旁觀者見狀卻只會不屑一顧，心想：至於嗎？身為過來人，我特別能體會女人們深陷愛戀中的糾結情緒。但無論如何，戀愛中的患得患失畢竟是消極情緒，長此以往，不僅會對自己的身心健康造成影響，對感情的順利推進也非常不利。

那麼，要如何正確對待戀愛中的這種患得患失的心理狀況呢？

首先，客觀看待戀愛中的患得患失。談戀愛會讓人變得多愁善感、敏感脆弱，這是再正常不過的狀態，如果你不敏感不玻璃心，反而會讓對方覺得你並沒有多愛他。正是因為你足夠重視這段感情，甘心為他付出，才會產生患得患失的心理。就像我一樣，當初那麼痛苦糾結，但想明白走出來後，發現現實其實沒有我臆想的那麼糟糕。要知道，當你放下雜念，迎接你的將是一片海闊天空。所以，面對戀愛過程中的患得患失，不要恐懼，要學會接納它。

其次，讓愛情成為你生命中的一部分。有些女孩特別在意感情中的點滴細節，稍有不順心就愁容滿面，歸根究底就是因為她們把愛情當成了生命中的全部。心心念念只想著他一人，他的一舉一動都會牽動你的心。你為他牽腸掛肚，寢食難安，總是揣測他每一個神情舉止背後的深意，妒忌圍繞在他身邊的所有女人。英國著名物理學家邁克爾・法拉第（Michael Faraday）曾說過：「拚命去換取成功，但不希望一定會成功，結果往往會成功。」的確如此，你若一味追求愛的結果，反而容易得不償失。

最後，學會享受戀愛中的患得患失。張小嫻說：「愛情總是在患得患失的時候最美好。」是的，要學會享受戀愛中的患得患失，因為在愛情中，患得患失的體驗不會長久存在，當你還有愛的激情時，就一定要學會釋放。適當的患得患失就如同寒冬裡的一朵梅花，能撫慰人內心的哀傷，讓彼此更加珍惜相愛的時光。記住，戀愛本身就是一種痛並快樂著的體驗，患得患失就像是愛情中的一種調味劑，少了會乏味，多了也會變味。

7 讓你感受幸福的心流

幸福是個永恆的話題。什麼是幸福？如何才能得到幸福？這幾乎是所有人都關注過、思考過的問題。莎士比亞說：「一千個人眼中有一千個哈姆雷特。」我們對幸福的見解亦是如此，一千個人眼中有一千種幸福的體驗。

過分「居安思危」會讓你錯失幸福

上週，跟朋友楠一聊天，聊到最近的狀態時，她有些失落，說：「這兩年工作逐漸走上正軌，和男友感情也還不錯，但總是無法真正地幸福起來，也不知道是不是因為我自己貪心不足。」

我問：「你是對將來過度杞人憂天呢，還是最近又有了一個攀比的對象啊？」

她說：「倒沒有攀比的對象，就是總覺得未來的事對我來說都是一個個坎，得邁出好大一步才能跨過去，比如升職加薪、結婚生子，感覺肩上的擔子好重，心累。」

聽她講完，我就明白了，她這是在「居安思危」呢。她的這種心態，我太熟悉了，不只是她，事實上很多人都會對謎一樣的未來感到困惑和迷茫，總感覺自身的能力跟不上想要駕馭生活的野心，因而陷入深深的焦慮之中。

我還有一個朋友，她一人身兼兩職，但她其實並非對金錢有極強欲望的人，我很納悶她為何會如此拚命，她只是淡淡地說：「其實也沒啥，我這人總是缺乏安全感，做什麼事情一定會給自己留個底。就算失去了其中一份工作，還有另外一份，我不至於徹底失業，而且這樣充實的狀態會讓我覺得很幸福。」這大概是人各有志的最好體現了吧。

心流，提升幸福感的「嗎啡」

二〇〇〇年一月，美國心理學家塞利格曼（Martin E.P. Seligman）和匈牙利心理學家米哈里・齊克森（Mihaly Csikszentmihaly）聯合發表了一篇名為《積極心理學導論》的論文，這篇論文標誌著一種從積極角度研究傳統心理學研究內容的新興科學誕生了。

積極心理學成為一個新的研究領域，它採用科學的原則和方法來研究幸福，宣導心理學的積極取向，主要研究人類的積極心理品質、關注人類的健康幸福與和諧發展等內容。

在研究中，塞利格曼和米哈里・齊克森發現了很多奇怪的現象，比如，為什麼即使資料顯示沒有孩子的夫婦比有孩子的夫婦更幸福，大多數夫婦還是想要孩子；為什麼百萬富翁竭力想賺更多的錢，卻並不想用這筆錢來做些什麼等。基於對這些現象的思考和研究，他們得出了一個「心流」的理論，並將心流定義為一種將個人精力完全投注在某種活動上的感覺，而當心流產生時會有高度的興奮及充實感。

米哈里·齊克森認為，使心流發生的活動有以下特徵：我特別想從事這個活動，並有著清楚的目標，能立即得到回饋；在從事該活動時，我有很強的主控感，存在的憂慮感也會逐漸消失；在此過程中會不斷遇到挑戰，並通過不斷地練習來增加完成挑戰的能力。

這樣說，大家可能覺得不太好理解，簡而言之，就是如果一個人的能力低於他要做的那件事所需要的能力，他就會覺得太難了，因而感到焦慮；然而，如果他的能力能輕鬆解決這件事，他又會覺得毫無挑戰，感到無聊。只有當他的能力與挑戰難度恰恰相等時，他既不會感到焦慮，也不會感到無聊，這樣才會產生心流。也就是說，人要產生心流，先決條件是自己的能力與所要做的事情帶來的挑戰難度都比較高，並且能力與挑戰難度相當。心流是介於焦慮和無聊之間的神奇狀態。

所以，我的朋友楠一會覺得不幸福，不是因為她貪心不足，只是她還沒有準備好迎接未來的挑戰。她工作剛剛走上正軌，想要升職加薪，需要面對機遇和挑戰，和男友感情不錯，想組建家庭，需要時間來沉澱。只要她明白，她當下要做的是「讓子彈飛一會兒」，我相信她的幸福感會有很大提升。

至於我那位身兼兩職的朋友，儘管朋友們覺得她的行為有些讓人費解，但從心流的角度來看，她認為自己有能力去兼顧，並能完成這樣的挑戰，因而覺得自己是幸福的。

心流能給人帶來積極的情緒體驗。積極心理學家們發現，處於心流狀態時，人們會因為接受了挑戰、發展了新技能而感到「力所能及」，而這不僅讓人們獲得了掌控感，減少了內心的焦慮，工作學習表現得更好，也使得他們的自尊得到提升。

另外，心流不僅能使人更高效地完成自己的工作，還能夠促進同事之間的關係，它帶來的積極情緒能使人在人際交往中更主動地相互協作。

獲得心流，掌握幸福

《紐約時報》資深記者史蒂芬・科特勒（Steven Kotler）在接受《財富》雜誌專訪時，談到了心流對自己的影響。

他說：「三十歲時，我得了一場重病，臥床三年，醫生們不知道我究竟是哪裡出了問題，而正是衝浪和心流狀態讓我恢復了健康。原本以為是自己精神錯亂，因為我在衝浪時不停地產生一種帶有神祕色彩的體驗。我是一位科普作家，以前從來沒有過這種感受。開始的時候，我一直想，我到底是怎麼回事啊？我後來才知道，心流過程產生的神經化學物質可以促進免疫系統，重置神經系統。這就是它為什麼有助於形成一種自身免疫性狀態，也是讓我產生超凡脫俗之感的原因所在。」

那麼，心流這種讓人如有神助、如虎添翼的體驗，到底該如何獲取呢？

第一，確立明確的目標。

如何給自己確立一個明確的目標呢？這個目標並不需要多麼宏偉，而是需要你能將目標細化為一個個可以完成的任務，並制定計畫。

例如，如果你要結束單身，就不能每天念叨著：「啊，我想找男朋友，我需要一個男朋友。」而是告訴自己，先找找自己單身的原因，是自己太不溫柔？還是長得其貌不揚，無法吸引別人？找到問題後，開始注意自己與人相處的細節，並著手打扮自己，讓自己變得更精緻，一點點地朝著脫單的方向去努力，心流也會在這過程中慢慢釋放。

第二，學會反思和總結。

曾子曰：「吾日三省吾身：為人謀而不忠乎？與朋友交而不信乎？傳不習乎？」聖人尚且如此，我們更該做到適時反思和自我總結。例如，最近工作壓力大，人際關係緊張，心情煩躁得很。你也知道，如果覺得煩躁了，喝杯酒唱唱歌，跟朋友傾訴一下就過去了，但更重要的是你得想想為什麼會把關係處理成這樣。還是那句話，只有找到原因，問題才能迎刃而解，這就是反思和總結帶給你的能量。

第三，敢於正面挑戰。

只有承受某種程度的風險，我們才更容易進入心流的狀態。當我們極度專注和認真地做某件有難度的事情時，只要抱著必勝的信念，結果一般都不會太差，成功後的那種滿足感，會讓你之前的種種辛酸瞬間煙消雲散，而心流往往會誕生於我們的極度專注和認真之中。

心流就是這樣一種通過實踐和練習就能掌握的「幸福」體驗。任時光飛逝，讓我們心中的雜念一點點消融，靜心感悟，嘗試尋找自己的「巔峰狀態」。讓心流常在，讓幸福永駐。

8 給愛留下一絲自由的空間

人們總說陷入愛情的女人智商為零，在戀愛的過程中，她們的思維、言語和行動都處於一種非正常的狀態，感性而脆弱。她們迫不及待地想拿一顆赤誠之心去換一段炙熱的感情，若事與願違，什麼理智、淡定、矜持就都拋諸腦後，大腦中孤零零地飄蕩著幾個字——我好難過！

很多善良的女孩在戀愛後，總會有一種「愛情如此神聖，我們註定會相伴一生」的錯覺，她們的角色從一個自由人切換為一個愛情的忠誠守護者。大部分時候，她們會托著腮幫子琢磨，「他在幹嗎呢」、「他想我嗎」、「唉，我好想他哦」，並期盼著每個週末，不，如果可以，最好每天都能與他一起愉快地度過，痛恨一切阻礙她們和男友約會的人和事。

一想念就表白，這樣真的好嗎？

在豆瓣上潛水時，看過一位網友的自我反省，她說：「剛認識的人對我第一印象都不錯，但奇怪的是，每次經過一個月左右他們就會消失不見。總結了一下，都是因為自己的各種不滿足，比如說對方聯繫我了，但我總感覺聯繫得太少所以態度不好。又比如說見面了各種不開心，因為我以為會得到禮物但是並沒有。其實誰都沒有義務非要那麼做，但我就是覺得對方不夠好，各種不開心。我不會裝，所有的想法都表現在臉上，於是讓對方也不舒服。最終經過反思，我覺得我是男人也不會選自己，正努力克制自己、提升自己中。」

我的一個學員昭朝跟這個網友相似點很多，我好幾次直言不諱地跟她講：「女人，你再不收斂，那點感情早晚得被你消磨乾淨嘍。」

昭朝和男友在一起三個月，男友是一個公司的副總，大部分時間都在開各種大會小會，儘管如此，男友還是會見縫插針地給昭朝打電話，雖算不上頻繁，但好歹還想著。然而昭朝並不領情，總是跟我抱怨男友不回她消息、不關心她、不在乎她，這段感情跟自己想像的相去甚遠。

我問：「你想像中的愛情是怎樣的呢？」

昭朝不假思索地說：「每天都會相互說早安晚安，及時回覆我的消息，不需要我提醒就能每天主動聯繫我好多次，最好每週都能見幾次，定期會帶我出去旅遊……」

我安靜地聽昭朝講完，問了一句：「如果你提的這些要求，對方沒有滿足，那究竟是你的要求太過苛刻，還是他真的不在乎你呢？」

她沉默了一會兒，才說：「我當然也有不對，但我就是忍不住想他嘛，想他，我就想告訴他；告訴他，我就期望得到回應，但他老不回應我，我當然生氣啊。」

確實，伴侶們相互表達思念和愛意會增進感情，但是不是所有的思念都一定要表達，並一定要得到回應呢？

延遲滿足的奧祕

一九七〇年，著名心理學家沃爾特・米歇爾（Walter Mischel）做了一個心理學實驗。他巧妙地將一份甜餅放在一群孩子面前，並要求他們各自做出自己的選擇：第一種選擇是立即吃掉自己的那份甜餅；第二種選擇是等到米歇爾辦完事情回來再吃，這樣他們可以得到一份獎勵，也就是另外一份甜餅。不過，對於那些不能等的孩子來說，只允許他們吃第一份。

不出所料，當蜜雪兒一離開房間，許多孩子就馬上將他們的甜餅吃了。但也有幾個孩子等了很長時間，直到蜜雪兒回來才吃，而且還享受到了第二份甜餅的獎勵。蜜雪兒稱這些孩子為「高延遲度孩子」。

有趣的是，相比於那些延遲滿足較差的孩子，這些延遲滿足好的孩子不僅在學校的表現是較出色的，在行為上也很少出現問題，而且他們的成績比延遲滿足差的孩子平均分高出兩百一十分。成年後，這些高延遲度孩子的大學畢業成績一般都比別的孩子要好，而且參加工作後的收入也比別的孩子高。

相反，那些延遲滿足最差的孩子，他們在長大成人後不僅犯罪的可能性比其他孩子要高，而且更有可能染上毒癮和酒癮。

這個實驗間接地表明，要取得滿意、成功的人生狀態，延遲滿足很重要。那究竟什麼是延遲滿足呢？它指的是一種能為了獲得自己想要的東西而等待的能力，也就是面對欲望能夠克制、等待的能力。

像昭朝這一類女孩：「我愛上了就想全部占有，我想念了就要表達，表達了就一定要得到回應。」她們其實就是缺乏延遲滿足的能力。

有些時候，我們需要嘗試著控制自己的情感，這樣才能真正審視自己和對方的需求，不會為了滿足自己情緒而讓對方感到困擾，不會因為渴望安全感和存在感而不斷地向對方索取，給彼此的愛多一絲自由的空間。

喜歡就會放肆，相愛需要克制

派克（Scott Peck）在《心靈地圖》中寫道，「在充滿問題和痛苦的人生中，推遲滿足感是唯一可行的生活方式。」其實，面對愛情中的困惑亦是如此，延遲滿足是我們需要學習的一項重要技能。問題是，我們該如何獲得這樣的技能呢？

首先，我們要弄清為什麼我們總是無法延遲滿足，為什麼總是寧願放棄未來的幸福，也要選擇即刻的快感。延遲滿足感真的有這麼難嗎？

凱莉・麥高尼格（Kelly McGonigal）在《輕鬆駕馭意志力》中提到一個很不錯的辦法：等待十分鐘，在誘惑面前延遲行動，給自己十分鐘的等待時間。如果你十分鐘之後還想要，那你就可以擁有它，但是這期間，你應當要時刻想著長遠的結果。

就拿昭朝來說，她明知男友在忙，但又忍不住想要打電話給他時，可以告訴自己：「等十分鐘之後再打，如果十分鐘後還想打，就可以打。」在這期間，她需要思考打完電話後的種種後果，比如男友在開會，會直接掛掉來電，或者男友接了電話，小聲告訴她「我在忙，一會兒再說」等。有了這樣的思考，十分鐘過後，昭朝也許會在打電話之前先來一個 Line 問候，或者乾脆將想念埋在心間，給男友機會讓他主動來表達想念。

其次，想想自己對未來的期待，知道自己真正想要什麼很重要。有很多人對未來的感情生活沒有規劃，不知道自己到底想要什麼，一次次屈服於眼前的「誘惑」，不懂得延遲滿足，因而愛情給她的回報總是很有限。如果你期待你們的關係更融洽，他更尊重你、在意你，那你就不要總是讓對方來為你的情感需求買單。

最後，我想說，愛情需要成熟和理性，而成熟，不是學會表達，而是學會克制。只有這樣你才能更從容地面對愛情，駕馭好自己的人生。

9 打贏遠距離戀愛守衛戰

談到遠距離戀愛，終成眷屬的愛人們滿滿都是幸福和甜蜜的回憶，那種「我住長江頭，君住長江尾，日日思君不見君，共飲長江水」的惆悵、憂愁卻又不失浪漫的感覺可能今生都難以忘卻。然而，對於最終分手或是不歡而散的遠距離戀愛來說，這更多的是痛苦和悲情的回憶，彷彿似心中永遠的痛，縱然情深似海，也敵不過「世界上最遙遠的距離」，經不起漫長時光的考驗。

本文是通過眾多學員的親身的經歷，總結出的一些經驗之談。讓我們從戰略上藐視，從戰術上重視，打贏遠距離戀愛守衛戰！

戰略上藐視距離，戰術上重視距離

距離產生美感，當然也可能產生「紅杏」和小三。面對距離，一方面，千萬不要因為距離遙遠就對戀情失去信心。要知道，你們能夠品味同城戀人體會不到的許多感受，例如重逢的喜悅、久違的激情、相思的甜蜜。難以終日卿卿我我、膩膩歪歪，卻多了一些獨立生活、學習和思考的時間和空間，同時也能更好地保持自己的個性，不至於在每天的你儂我儂中將自己的個性喪失殆盡。

愛情就是要堅持半糖主義，在若有若無間體味愛情的香醇，領悟甘苦參半的愛情真諦。當然，我始終堅信我自創的甜蜜守恆法則——愛情的甜蜜總量是一定的，前期享受得多，後期就要付出更多；前期付出得多，那麼這些付出和堅守就一定能換來明天的幸福和甜蜜。

所以，面前的這段距離只是漫長愛河之中有限的一小段，從長遠看，微不足道、不足懼也，你就踏踏實實地好好愛你所愛吧。

另一方面，也不要以為純潔的愛情能勝過一切，對距離毫不在乎。相隔千里的戀情更需要的是關心、呵護和理解，堅持每天聯繫，哪怕只是一條 Line 或一條簡訊，絕不能以工作忙為藉口不聯繫對方。能電話或視訊溝通的時候，就不要發訊息，因為訊息沒有語調區別，蒼白空洞，可能無法完全展示你的感情，偶爾還會造成誤解，而且他更渴望的是聽到你的聲音，看到你的笑臉，一句「我愛你」，一副充滿愛意的鬼臉，足以讓他的心瞬間柔軟，愛湧全身。

更難能可貴的是，在重要的紀念日，你精心籌備，馳騁千里，突然出現給他驚喜。若有條件，你們最好一個月見一次，哪怕只是度過一個週末，一起在校園漫步，一起逛個街，一天膩在一起，也足以讓他感動得天暈地旋，久久不能忘懷。

堅持獨立自主，贏得華麗轉身

講一個學員的故事。男主角A，大學畢業後前往某城工作，女主角B比他略小幾歲。兩人在畢業季墜入愛河，那一年，他大四，她大一，熱戀中的兩人天天激情四射，可這種日子卻無比短暫。昨天還耳鬢廝磨，今日卻相隔千里，兩人都非常惆悵和失望。

為了堅守這份難得的愛情，兩人相約一起努力奮鬥，在等待對方的時光中，做好各自的事情，讓孤獨的日子因為奮發圖強而變得充實，而努力奮鬥也是想在競爭激烈的城市裡拚搏出屬於他們的一席之地。

如是，在彼此日日夜夜的激勵下，在愛情偉大力量的支撐下，B順利畢業後又考取了研究生，一步步活出了曾經夢想的狀態。正如《男人來自火星，女人來自金星》中所述：「對於一個女人而言，她的自我意識的提升，她的自我價值的實現，更多地來自情感的滿足。」

B實現華麗的轉身，與A鍥而不捨地引導、鼓勵和呵護不無關係。

與此同時，A也不甘落後，比身邊的人更加努力地學習專業知識，讀了在職碩士，積極提升自我，並用瘋狂的加班和出差不斷充實經濟基礎。

正是因為他們擁有共同的目標和長遠的規劃，彼此獨立又互相傳遞正能量，才能將相思之苦化作刻苦學習、努力工作的動力，用不懈付出占據了所有可能「開小差」的時間。

待到碩士畢業，B順理成章地在A所在的城市拿到了一家相當不錯的公司的offer，而A經過幾年的辛勤工作也已稍有經濟基礎。

兩個從並不富裕的家庭走出來的孩子，通過自己的努力在城市裡買了房子，去年，他們正式步入了婚姻的殿堂。七年遠距離戀愛結束，B也實現了當初的夢想——一畢業就嫁給心愛的人。

婚姻尚且有七年之癢，更何況是遠距離戀愛。儘管其中充滿辛酸和淚水，但是彼此心存最初的夢想、不忘初心，相愛而不失自我，積極向上的態度讓彼此學會了獨立成長，讓他們的愛情更有生命力。兼顧未來規劃和當前發展讓，使他們的遠距離戀愛更加理性，而經歷了時間和距離考驗的愛情也讓他們更加珍視和珍重彼此。所以，臨淵羨魚不如退而結網，行動起來吧。

自己動手，豐衣足食

繼續說A和B的故事。再轟轟烈烈的愛情，最終都會歸於平淡。遠距離戀愛的情侶們更是要經歷長時間平淡如水、靜水流深的日子，而為了給愛情加點料，A和B都沒少花心思。

在A生日的時候，B千里迢迢寄來一本自己親手製作的紀念冊，照片配上文字，溫暖地講述了兩人的情感史；B考研究所複習最艱難的爬坡階段，A不時錄段充滿愛意和鼓勵的小視頻發給B，一次次為她注滿奮鬥的「雞血」；由於任性激怒A的時候，B暗自內疚地捨棄簡訊與電話，用最傳統的書信方式，一筆一畫地寫滿三頁信紙，落款附上一個個紅唇的印記，遙寄相思；為了讓B去心儀已久的地方旅行，A花了整整一個月的時間做攻略，選擇B喜歡的酒店、線路、沿途美食，一起來了一場說走就走的旅行……甜蜜的往事不勝枚舉。

這些事，點點滴滴，雖然看似不起眼，卻都是用心而為，在用心製作的過程中，滿滿都是彼此的愛。儘管少了一份昂貴，少了一絲驚豔，但只要用心，一定會換來更多感動、更多幸福、更多愛。而這些幸福的時刻，也會讓人因為特殊的禮物而難以忘懷，會變得更有意義，並且讓你今後在回憶時擁有足夠多的甜蜜。

我們可以想一下，十幾年後，當A不經意翻出當年B親手製作的紀念冊，看著裡面稚嫩的兩人的照片，會不會在心裡感到一陣陣甜蜜？

在此，我要溫馨提示，即使女孩子口中說不在乎各種節日、紀念日，也不代表完全可以忽略不計，所以男孩還是要多用點心，抓住了這些瑣碎的細節和問題的關鍵，才能讓你的她更加滿意。

在戰爭中學習戰爭，在遠距離戀愛中學習相戀

幾年前，日本音樂人為虛擬女性歌手初音未來創作了一首歌曲，名為《戀は戦爭》，翻譯為中文就是《戀愛就是戰爭》。而在戀愛這場沒有硝煙的戰爭中，我們也要不斷地學習摸索、總結規律、抓住戰機、贏得勝利。如同在戰爭中學習戰爭一般，我們也要在遠距離戀愛中學習如何相戀。

首先，要學會信任彼此。長時間、遠距離相隔的兩人，不能面對面溝通，無法聯繫的時候，你可能總是想像他在幹嘛；看到對方朋友圈裡發的朋友聚會的照片，發現裡面有一些顏值很高的異性，就會心生猜疑；突然一陣子忙起來，與他聯繫的頻率減少了，就會產生無限的想像；一想到他多情的過往，就會暗自神傷……

猜疑是殺死遠距離戀愛最好的毒藥。既然愛，請信任。愛情如沙，如果你抓得太緊，它就會從指縫間滑落。如果他真的變心了，十倍的猜疑也難以挽回和補救，所以你索性就選擇

淡定和信任，保持必要的警惕心即可，除非對方真的是冥頑不靈、劣跡斑斑，當然，如果真的如此，你們的感情也不可能維繫太久。

其次，培養興趣愛好。分隔兩地，除去談情說愛，你們在一起的時間經不起長年累月的囉唆與重複交談，所以要尋找共同話題，最好的、最持久的辦法就是培養共同的興趣愛好。

喜歡電影，可以約好看同一部，之後交流感受抒發情感；喜歡閱讀，可以相互推薦最近看過的一本好書，既能擴寬知識面，又能交流感情；喜歡運動健身，可以用同一款運動軟體，用資料和排行榜來相互激勵；喜歡娛樂，可以關注同一個明星，點評他的緋聞軼事，分享八卦；喜歡網遊或手遊，可以連線打怪升級，在虛擬世界協同作戰……有了共同的興趣，就不用擔心接通電話後沒話題聊，甚至組建家庭之後，彼此也能夠更從容地生活、相處。

最後，要學會善待彼此。花花世界，誘惑無處不在。遠距離戀愛就是要禁得住誘惑，耐得住寂寞，守得住底線，穩得住心神，經得起考驗。不要帶著僥倖心理穿越雷區，不僅要善待這份來之不易的感情，也要善待彼此，只為彼此守候。把心思用在關心呵護戀人上，用在學習進步上，用在勤奮工作上，用在積極生活上。只要能夠真誠地堅守、不懈地努力、持續地付出，有情的遠距離戀愛之人終會成為幸福的眷屬。

其實有過遠距離戀愛經驗的人對遠距離戀愛也各有各的看法，網上關於遠距離戀愛的祕笈、寶典、技巧也不勝枚舉。而本文中這些經驗都是根據真實的情感案例整合梳理出來的，希望能幫遠距離戀愛的你們理清思路，也希望正在遠距離戀愛的人能善待自己的另一半。

註4：葛優癱：演員葛優在一九九三年情景喜劇《我愛我家》第十七、十八集裡面，躺在沙發上的劇照姿勢。

Part 3

推開這扇門，蛻變成全新的你

1 自我提升，掌握愛情主動權

記得一位哲學家說：「懶惰是軀體的愚蠢，愚蠢是智慧的懶惰。」生活中，我們總是害怕被人評價為懶惰消極，而被人評價缺乏大智慧倒還可以接受，因為並不是所有人都能像諸葛亮般睿智，勤奮卻是我們稍稍努力便可以達到的狀態。

但事實上，我們大部分人都不願意走出自己營造的舒適地帶。像賈伯斯那樣堅持「stay hungry, stay foolish」的人生信念，對很多人來說只是一個遙不可及的自虐狀態，因而我們大部分人只能一生碌碌無為。

當我從事情感諮詢工作後，第一次聽到「自我提升」這個詞，老實講，我並沒有太多感觸。這個詞很常見嘛，從小到大，無論是師長還是父母，給我們灌輸的思想不就是努力學習，提升自我，讓自己變得更強大嗎？但現在，我已深刻體會到了這個詞的分量，人活著就得不斷地自我提升、自我修煉。

愛的戰役中，自我提升必不可少

自我提升，短短四個字，包含的卻是解決情感問題的最大前提。總有一些學員來找我的時候氣場十足，說：「你們說的那套理論我都知道，心理學的知識我也瞭解，所以不要給我講道理、講理論，也不要讓我自我提升，我只要技巧，告訴我挽回這個男人的技巧。」

其實我真的很想反駁，既然你無所不知，為什麼還會這麼執著於技巧，還會如此天真地講出「道理我都懂，但我就要方法」這樣的話呢？這不就是在說，我知道傷人不對，但我就想做，你幫我想個辦法，讓我傷人不用負責人吧。親愛的，恕我無能為力。

再舉個例子，生活中，我們總是會遇到這種情況，對一個異性很心儀，但對方卻對我們不來電，這時通常的作法是什麼呢？

針對這種並非兩情相悅的愛情，通常只有兩條路：

第一條路是降低標準，換個對象，讓時間來沖淡自己對他的愛意。

第二條路是自我提升，迎難而上，打贏這場孤獨的戰役，徹底超越過去的自己。只有自我提升，具備更高的價值，對方才會對你另眼相看，就算你們有緣無分，沒能在一起，你之後的選擇面也會廣闊得多。

這個道理是很容易想明白的，但為什麼只有少數人可以超越自己、真正提升，並且持續地堅持下去，而大部分人都無法進行長期有效的自我提升呢？這個問題背後的答案就沒有那麼簡單了。

不要陷入「不值得定律」

經濟學裡有一條不值得定律，這條定律最直觀的表述是：不值得做的事情，就不值得做好。它反映出人們的一種心理，即一個人如果做的是一件自認為不值得做的事情，往往就不會全力以赴地去把它做好，而且即使僥倖成功，也不會覺得有多大的成就感。而所謂值得做的事情通常就是符合我們的價值觀，適合我們的個性與氣質，並能讓我們看到期望的事情。

很多女孩子並不認為提升自我是解決當前情感問題的關鍵，這不符合她們的價值觀和個性，且自我的提升是個循序漸進的漫長過程，不能很快就看到效果，所以她們沒有耐心和毅力堅持，反而執迷於能夠快速挽回的技巧和方法。

可是她們忘了，她們之所以會失去男友，正是因為自身的問題已經嚴重到讓男友決定放棄她們了，她們卻絲毫不想修正自身的缺陷，努力提升自我，而是執著於用方法挽回人心。不思改變，只希望走捷徑，結果也只能是南轅北轍，她們的挽回當然會失敗。

電視劇《後廚》中，時慧寶有句經典臺詞：「一道菜燒得好壞，原料、調料、火候都不是最關鍵的，最重要的，是燒菜人的那顆心。」當你懷著這道菜不值得做的心態去燒菜，就不要期望它會色香味俱全。愛情亦是如此，如果你真的想要解決問題，無論是穩定兩個人的親密關係，還是挽回失去的愛情，用心提升自我都是最好的方法。

也有人會說：「我知道我需要提升自我價值，但是我真的好忙，平時工作就占據了大部分時間，我哪有工夫去做自我提升啊？」

學員米谷向我諮詢已經有段時間了，坦白說，除了對自我的認知更清晰，她目前的狀態跟剛來諮詢時並沒有多大改變。諮詢最初，我就給了她一些建議和自我提升的方向，她很認同，但認同並不代表實踐。所以當我追問她最近的相親情況和是否認真聽了主題課時，她的回答常常是沒有時間、沒有工夫、沒有空閒。然後，我只好在風中凌亂。

米谷大概就是我之前提到的那一類不願意走出自己營造的舒適地帶，將自己圈養起來的人。在她的觀念中，自我提升並非值得她花時間去做的事情，所以對她來說，脫單仍是遙遙無期。

四個技巧助你提升自我

我們到底該怎麼提升自我？不同的人可能有不同的理解，在此，我根據自己的諮詢體會，告訴大家一些自我提升的方法和技巧。

第一，學會自律。有效的自律是持續提升自我的必要條件，自律常常意味著犧牲樂趣和避免一時的衝動，但可惜的是，大部分人根本無法管住自己，常常在無所謂中放縱自我，在拖延中虛度時光，在空虛寂寞中迷失自己。

聯想集團創始人柳傳志因「自律」而在業界享有盛名，他的時間觀念極強，有一次他為了如約赴會，在因下暴雨而取消航班的情況下，連夜乘車趕路，提前到達了目的地。當他紅著眼睛出現在會場時，主辦方眾人無不為之深深感動。學會自律，從管控好自己的時間、情緒和愛好開始。

第二，學會勤奮。很多時候，我們可能是因為「懶癌」發作，或是為自己開脫、自我設限，認為自己「懶惰」、「效率低下」、「完全做不到」。試想一下，我們何曾對自己喜歡的事情懶惰過，比如你喜歡韓劇、化妝、打遊戲、吃美食，你會發現自己對這些事情從不懶惰。只有真的把自我提升當作自己喜歡的事，並享受自我提升帶來的精神富足，你才會興致盎然、善始善終。

數學家華羅庚說：「勤能補拙是良訓，一分辛苦一分才。」學會勤奮，從收拾好自己的房間，把自己打扮得端莊美麗，增加一項積極向上的興趣愛好開始。

第三，學會自勵。很多事情，我們自認為做不到，索性就不去嘗試甚至不去開始。但事實卻是，大部分事情都可以通過努力學習和練習做到。

舉個我身邊的例子，我的大學同學英英，英語專業，可是在大三那年她居然連英語四級都沒過。本來準備放棄了，但在輔導員苦口婆心地開導下，她下決心一定要考過。通過半年堅持不懈的學習，終於如願以償。從此，原本十分悲觀、認為自己終將一事無成的她，慢慢有了信心，之後通過努力，又順利考過了英語六級、專業八級。

在這個例子中，英英先設定一個小目標，然後努力實現，獲得了動力，之後再激勵自己勇往直前，形成了良性循環，才一步一步走向了勝利。所以，有些事，只要你想做，你就一定能成功。學會自勵，從努力實現一個小目標開始。

第四，學會堅持。很多學員在接受了提升自我的建議之後，也付諸行動，可是還沒看完一本書，還沒完全改掉一個壞習慣，就來向我抱怨：「玲瓏姐，我努力提升自己，但還是看不到變化和希望。」有的學員甚至「三天打魚，兩天晒網」。

在此，我想說，冰凍三尺非一日之寒，水滴石穿非一日之功。提升自我，貴在堅持，只有持之以恆地去學習、去獲知、去思考，才能由日積月累的量變進展到質變。就像學員亦晗，因為想挽回前男友而來諮詢，通過積極的引導，在三個月裡她不斷地提升和蛻變，待到華麗轉身時，曾經的苦楚都已成為過眼雲煙，而更上一層樓的她也找到了一位更合適的伴侶。學會堅持，從經得起誘惑、穩得住心神、守得住淡然、耐得住寂寞開始。

最後，我希望大家把提升自我變成自己努力奮鬥的夢想，就像歌中唱的那樣：「最初的夢想緊握在手上，最想要去的地方，怎麼能在半路就返航，最初的夢想絕對會到達，實現了真的渴望，才能夠算到過了天堂。」

2 自信是你的氣場，從不取決於他人

美國作家愛默生說：「自信是成功的第一祕訣。」在現今鼓勵個性解放的時代，這句話已經成為真理一般的存在。我們都知道自信對我們的生活來說意味著什麼，它是如此重要，以至於我們沒有一個人不渴望得到，但那些想要自信卻無從下手的人，他們該怎麼辦呢？

你從別人身上找自信嗎？

一天，在留言板翻看大家的留言，一個提問引起了我的注意。與其說是這個問題讓我關注，倒不如說是我看到太多類似的提問，讓我終於忍不住想跟大家聊一下這個話題。

這位提問者說：「我總是很介意別人對我的看法，從小的家庭教育導致我遇事不是很有主見，做決定總是猶豫不決。無論是在生活中，還是愛情中，我總是渴望從別人的評價中得到肯定，這樣我才有一絲信心繼續走下去。可就連那點可憐的自信，也完全是基於別人對我的好評而產生的，我到底該怎樣走出這樣的怪圈？」

我非常能夠理解這位朋友說出此番話時的心情，不僅是她，就連我自己和身邊的朋友也都或多或少出現過類似的情形，在工作或愛情中遇到挫折後，我們會像抓住一根救命稻草

一樣問身邊的人：「你覺得我能跨過這道坎嗎？」「我還會成功嗎？」「你覺得他還愛我嗎？」「我不會失去他吧？」「你覺得我們到底合不合適？」

如果身邊的人給予了無限鼓勵和關愛，也許你能重拾自信，下定解決困難的決心；但如果你得到的只是不帶絲毫感情色彩的理性分析，告訴你未來充滿諸多未知和不確定性，你可能就會喪失所剩無幾的自信，如一灘軟泥，僅存的勇氣也一點點被掏空。

有一位學員，從開始諮詢就不斷問我一個問題：「我跟男友有未來嗎？」聽過我苦口婆心的解釋後，她沉默了。於是我趁機強調，這樣的問題沒必要重複提問，她非常認真地說：「我記住了，不會再問了。」沒過一天，她又來問：「老師，您覺得我跟他合適嗎？」我哭笑不得。雖然我理解她想從我這裡得到肯定的答案，然後安心談戀愛，但也忍不住納悶：為什麼我們總是企圖從他人身上找到自信呢？自信真的是別人給予就會有的東西嗎？

低自尊，你才會不自信

從心理學角度來解釋，自信其實就是人們對待自己的一種態度，它與自尊緊密相關。而自尊屬於自我的情感成分，是個體對一般自我或特定自我積極或消極的評價，也是人對自我行為的價值與能力被他人與社會承認或認可的一種主觀需要，是人對自己尊嚴和價值的追求。這種需要與追求如果能夠得到滿足，人們就會產生自信心，覺得自己有價值；否則就會產生自卑感、軟弱感、無能感。

著名的人本主義流派心理學家納旦尼爾・布蘭登（Nathaniel Branden）認為，自尊是一種覺得自己能夠應付生活中的基本挑戰，值得享受快樂的感覺。它主要由能力感（指順利完成某一活動所必需的心理條件）和價值感（個體最希望達到的水準）兩部分組成，缺一不可，如果失衡就會造成低自尊的情況，即認為自己沒有能力去應付生活中的基本挑戰。

心理學家從內部層次的角度，將自尊分為三種。

第一種是依賴型自尊。其價值感取決於他人，能力感來源自與他人的比較，整體呈現的狀態為渴望得到他人的肯定，害怕受批評。換言之，就是「別人的肯定才是我繼續努力的動力，沒有肯定，我的努力毫無意義」。

第二種是獨立型自尊。其價值感是根據自己的標準來自我評估的，能力感是與自己比較得出的。整體呈現的狀態是尋找批評，想要進步，可以解讀為：「我比之前進步了嗎？學到新東西了嗎？」

第三種是無條件自尊。價值感不取決於他人的評價，也不取決於自我評價，充分地自信，不因任何評價而改變。能力感是與他人相互依賴，又怡然自得，是一種近乎完美的人生境界。

依賴型自尊是初級階段，獨立型自尊屬於中級階段，至於我們的自尊屬於哪種類型，可以客觀地進行自我認知。而無條件自尊則有點近乎「聖人」的意思，也是自尊的最高階段。

如果真的要對號入座，我相信我們大部分人都處於依賴型自尊階段，尤其是在逆境中，這種狀態表現得尤為明顯。就像上述的學員那樣，我如果告訴她：「你們未來肯定會一直在一起。」難道她真的會相信嗎？但這句話就像是「雞湯勵志大力丸」一樣讓她上癮。當她堅持不下去的時候，聽到「你們是有未來的」，她就會覺得，有好的結局，我的付出才有意義，反之，我就沒必要浪費時間了。

這樣一分析，大家有沒有覺得很可怕，看得到希望才去爭取，看不到希望就捨棄（儘管這個希望並非絕對），除了這個功利的社會讓人們的心也如此浮躁之外，最根本的原因還是人們潛意識裡的低自尊。

一九〇五年，愛因斯坦提出「相對論」以後，有人曾出版過一本《百人駁相對論》，網羅了一批名流大咖對這一理論進行聲勢浩大的反駁。可是愛因斯坦自信自己的理論必然會取得勝利，對反駁不屑一顧。他說：「如果我的理論是錯的，一個反駁就夠了，一百個零加起來還是零。」他堅定了必勝的信念，堅持研究，終於使「相對論」成為二十世紀的偉大理論，舉世矚目。

愛因斯坦在挫折前表現出來的正是無條件自尊，他的價值感不依賴於他人的評價，也不取決於自我評價。正是充分的自信並堅定地維護自己的理論研究，他才取得了最後的成功。

如果我們在面對生活的挫折時，能表現出無條件自尊，心若磐石般地完善自身，認真分析和解決問題，不把時間和精力浪費在計較得失上，相信我們最終也能跨過內心的障礙，迎來新的轉機。

培養無條件自尊，讓內心更強大

在人們的自尊中，依賴型自尊只是自尊的三階段之一，而不是自尊的唯一形式，當你明白並允許這一階段存在時，它帶給你的傷害和約束就也會相應降低。儘管如此，我們依然要學會由依賴型自尊到獨立型自尊再到無條件自尊的過渡。

那麼，到底該如何一步步培養無條件自尊呢？下面我給出幾個方向，供大家參考。

第一，接受自我。首先要正視和寬恕自己人性的弱點，有很多你極力想要控制和擺脫的負面情緒，你無法做到驅逐它們，但你可以理性地接受它們的存在。這樣，你就會客觀地看待自身的問題，不會再被它們束縛。

第二，習慣自律。有人說「極度的自信源自極度的自律」，自律對我們來說確實是一項很重要的能力，尤其是那些渴望成功的人。不幸的是，仍有很多人不屑地視自律為自虐。其實，若想達成人生目標，自律是一種必不可少的、自然的先決條件。

第三，自我負責。從出生到長大成人，我們的監護人逐漸由父母轉變成自身。我們需要對自己的存在負責，需要為實現自己的夢想負責，需要為自己選的價值觀和人生觀負責，這是我們立足社會、勇敢實現人生理想的前提。

第四，自我保護。當別人對你感到不解，對你產生疑問時，你有權利維護自己的價值和情感，就像愛因斯坦一樣，堅定地維護自己的信念，這是你獲得認可的一個基礎。

無條件自尊的培養是一個不斷完善的過程，每一次的提升都會給我們自身帶來意想不到的好處。隨著我們慢慢地成長，不斷增加一些良好的自我評價，對自己的接納越來越好，內心就會變得更為強大。當能做到不以物喜、不以己悲、寬心忍性、知足常樂時，我們離無條件自尊的境界就不再遙遠了。

3 用獨處的時光修煉自己

你害怕獨處嗎？獨處是一種怎樣的感受？在熱鬧喧囂過後，你是會被獨處時的冷清嚇到想要逃離，還是會非常享受獨處時光，坦然面對自己內心的匱乏和缺失，讓自己的心靈更強大呢？而我相信我們大部分人都願意自己的內心變得更強大，心智更成熟。

哲學家叔本華在《人生的智慧》一書中寫道：「只有當一個人獨處的時候，他才可以完全成為自己。誰要是不熱愛獨處，那他也就是不熱愛自由，因為只有當一個人獨處的時候，他才是自由的。」如果說學會與人交往是一種能力，那麼學會獨處也是一種能力。

用獨處判斷自己是否過度依賴歸屬感

學會與人交往看似比學會獨處更難，其實不然，在與人交往時，就算你並不擅長交談，你還可以傾聽，還可以模仿，但獨處卻不是，它考驗的是人性的本能──對歸屬感的依賴。歸屬感是人類長期演化的產物，並逐漸成為所有人共同的自然傾向。人的這種歸屬感表現為：當人們長期處於極度孤單的狀態時，會有強烈的緊張應激反應。

就像學員兮偌，她成長在一個充滿愛的環境中，也許正是因為父母對她呵護備至，她的受挫能力比較差，在親密關係中呈現出焦慮型依戀的狀態，好幾任男友都因為受不了她瘋狂的訊息和電話轟炸而與她分手。

我問兮偌：「你也有自己的生活和工作，為什麼不將生活重心放在自己身上呢？」

她一臉焦慮，說：「我也想啊，但是每當我一個人的時候，我就覺得很空虛，除了聯繫他，完全不知道該幹嘛。我嘗試過很多次，把手機關機，逼自己冷靜下來，但我就是沒辦法在一個人的時候認真找點事情做，我老是覺得恐懼，也不知道自己在恐懼什麼。」

當今社會，人們總是不斷強調人際關係的重要性，但過分強調人際關係的重要性會導致我們較少觀察自己與自己的關係，並失去發現和體驗獨處的機會。我經常聽到學員抱怨：「我最不喜歡一個人了，太沒勁，孤獨得可怕。」

你是哪一種獨處？

目前心理學界對獨處並沒有統一的定義，但大部分心理學家都認為，獨處是以「個體與外界無互動，或意識上與他人分離」為主要特徵，是否獨自一人並不是獨處的必要條件。另外，獨處是一種客觀的狀態，而非單一的主觀情緒體驗。

心理學家根據人們不同的動機和需要，將獨處分為「非自願獨處」和「建設性獨處」。非自願獨處是指渴望有人陪伴而得不到，從而被迫一個人。在非自願獨處中個體有更多的消極體驗，這些消極體驗可歸結為孤獨感。建設性獨處則是個體主動選擇的獨處狀態，具有較高自主性。在建設性獨處中，個體有更多的積極體驗，包括加深自我瞭解、提升自我恢復能力和創造力等。

也就是說，孤獨只是獨處的情緒體驗之一。當個體在非自願獨處時，他體驗到的情緒才與孤獨相似。如果是個體自願選擇獨處或偏好獨處，雖然客觀上也處於社交孤立狀態，但他並不會覺得自己缺乏與人的接觸或非要與人交往不可，他的內心感到滿足愜意。這種獨處非但不會引發孤獨感，還會成為人們追求的狀態。

說到這裡，兮偌在獨處時感到恐懼的原因就找到了，她渴望男友的陪伴卻得不到，屬於典型的非自願獨處，當然會出現消極的情緒。

把孤獨當作能量，獨處亦是「修真」

一位採訪過李嘉誠的記者曾寫道：「李嘉誠的心胸之大是撐出來的——收購和記黃埔此等之事一直祕不外宣，甚至自己的老婆也不知道，一切都自己心算。喪父、養家、肺病、貧窮……如果一個人在自己十五歲左右經歷這一切挑戰而沒有被打垮，他就沒有什麼是不能承受的了。」

李嘉誠的朋友也曾說：「孤獨是他的能量，也是他的朋友。獨處時，他腦海會開始做思想的掙扎，會不斷自己拋問題、自己回答。他現在的習慣就是來自於此。」

能夠如李嘉誠這般享受孤獨的人很少，更多人是害怕並逃避獨處，認為獨處和寂寞悲傷掛鉤，但這並不是獨處的本來面目。

寂寞並沒有好壞之分。人都是有自我意識的獨立個體，我們的想法、感受和記憶也都沒有辦法完全地被另一個人瞭解，所以我們不屬於任何地方，也無法和任何人完全沒有隔閡。這不代表我們一定會過得很糟糕，能否處理好這與生俱來的特性才真正決定了我們是否能享受獨處的時光。不要因為獨處時的寂寞，影響你看待這個社會的角度。感到寂寞時，我們大多會尋找「傾聽型」的人，尋求慰藉。可是，如果你不能面對自己的寂寞，不論和什麼人在一起你都不會快樂。

我有一個學員，她曾經對生活充滿抱怨，不管做什麼、和誰在一起，始終擺脫不了孤獨的感覺，她認為沒有人懂她，沒有人在意她的感受。一次次的挫折和痛苦經歷終於讓她崩潰了，直到慢慢學會了跟自己相處，她才明白解決孤獨之法其實就在自己的心中。於是，她開始審視自己，挖掘自己在獨處狀態下的心理變化，她不再指望身邊的人無微不至的關懷，學會了自足，善於讓自己快樂，並且發現自己也越來越善於讓別人開心了。

其實獨處並不可怕，可怕的是你的心魔，那種害怕沒有人瞭解、沒有人喜歡、沒有人懂你的感覺。不妨讓自己的內心平靜下來，嘗試著接納不完美的自己，和自己說話。相信我，一個不一樣的自己會讓你感到驚奇。

有的人只習慣於與別人共處，和他人溝通，一旦獨處就難受得不行。其實，獨處的時光往往是你自我提升的最好機會，好好珍惜，你會是下一個女神。

4 換種態度，在愛情中你會得到更多

在翻閱大家給我的留言時，我發現有兩類留言出現的頻率很高，第一類是困惑於自己每段感情都無法長久，隨著年歲的增長，內心的焦慮越發濃重；第二類是聽了這麼多情感分析，感謝過去的經歷讓自己變得更加成熟和睿智，堅信自己未來的愛情之路會越發平坦。

前者給人一種無奈之感，迫切想找到開啟愛情之門的鑰匙，於是在毫無頭緒的情況下，盲目試錯，結果是每試必錯，只能乾著急；後者則給人一種「既來之則安之」的坦然之感。

在尋愛之旅中，每每遇到挫折和困難時，我們總是會聽到這樣的「勸慰」：「女孩子不要太要強，不好找男朋友。」「女人總是要回歸家庭的，事業上不用那麼拚。」「結婚，找個對你好的就行，感情可以慢慢培養。」「你就是太挑剔，要求太高。」也會聽到這樣的「鼓勵」：「你長這麼好看，得找個條件好的才行！」「你這麼優秀，不愁嫁不出去。」

陷入困境的我們有時候很難做出理性的判斷和選擇，尤其是在對自我沒有足夠的瞭解，期盼的愛情也沒有大致的輪廓時，這些善意的經驗之談也許就在無形中慢慢固化了我們的思維，讓我們不敢去追求美好的愛情。好像，一切都已塵埃落定；好像，我們只能逆來順受。

一位聽友留言給我：「我今年三十二歲，共談過五次戀愛，儘管每段戀情都不長久，但每次結束都會很難過。現在回想起來，其實就是因為過於著急地進入戀愛狀態。遇到中意的

對象，常常迫不及待地把自己的心投入進去，也不管合適不合適。在一起之後，每當出現爭執和矛盾，不知道怎麼溝通的時候，要嘛是不了了之，要嘛是用一句『分手』來解決。

「我好像已經沒有愛的能力了，現在遇到心儀的對象，也不知道是該大方地接受，還是該矜持地周旋，我已經不知道該怎麼去拿捏這個分寸了，怕走近了才發覺不合適，又怕過於迴避，失去與真愛牽手的機會。」

看完這位聽友的經歷，我突然想起以前在旅行時認識的一位朋友。她當時也是大齡未婚，平日裡最大的愛好就是旅行，性格開朗活潑的她異性緣非常好。她跟丈夫是在去雲南旅遊的時候相識的，相戀四年，去年領的結婚證書。四年來，她已經記不清自己跟他分分合合多少次了，每次分手都難受得死去活來，但經歷一番痛徹心扉的反思後，又不計前嫌、信心百倍地投入感情中。如今，她已經是一位幸福的準媽媽了。

同樣的經歷，為何她倆的境遇卻截然相反呢？

你是固定心態還是成長心態？

史丹佛大學心理學教授卡羅爾・德韋克（Carol Dweck）組織一群小學生做了一個叫「如何應對失敗」的研究。在實驗中，她給孩子們一些特別難的字謎，然後觀察他們的反應。她事先設想，孩子們有兩種可能的反應：一、拒絕面對失敗，沮喪地丟開字謎，或者假裝對字謎不感興趣；二、坦然承認失敗，冷靜接受自己解不出字謎的現實。

但她沒想到的是，有些孩子竟然有第三種反應——他們興高采烈地做著這些解不開的難題。有的說：「太棒了，我喜歡挑戰！」還有的說：「猜字謎能讓我增長見識！」

德韋克隨即意識到，這個世界上總是有一部分人能從失敗中汲取動力。他們的特殊之處在於他們持有的信念：能力是可變的，可以進行培育並得到增長，在挑戰中因努力而獲得，這就是成長心態。與之相對，相信「我的能力是不會變化的」，這種心態就是固定心態。

同樣面對情感困惑，有固定心態的人會這麼想：「談戀愛總是失敗，莫非是因為我情商不夠？我有太多的性格缺陷？我價值太低？我對男性完全沒有吸引力？算了，反正我對這個男人也沒那麼喜歡，我要真喜歡，也不至於鬧成這樣。再碰碰運氣，找其他的試試看吧。」

而有成長心態的人則會這麼想：「唉，又失敗了，到底是哪裡出了問題，我得找出來，我不要在同一個地方摔倒兩次。找到原因，下次我就能更好地處理矛盾。吵架很痛苦，但傷害程度遠遠不及『真愛明明出現，我卻沒有抓住』。如果沒有盡力嘗試，白白錯失了找到真愛的大好機會，那才更讓人懊悔！所以我一定要努力改變，去找我的真愛。」

對有固定心態的人來說，「遇到挫折需要努力」等於「缺乏才能」，又等於「我真失敗」。對有成長心態的人來說，「遇到挫折需要努力」則等於「我會在努力中變得更好」。

這樣一分析，大家不難看出，我的那位聽友目前正處於固定心態中，在和戀人感情變差時，很快得出「遇到挫折說明我們不合適」的結論，然後迅速逃離。

而我的那位朋友則具有成長心態，當情感陷入低谷時，她明白，遇到挫折說明關係需要調整，矛盾是促進彼此溝通的機會，衝突是瞭解彼此個性的時機。她們兩人面對情感問題時的心態不一樣，結局才會有如此大的反差。

轉變固定心態，讓自己強大起來

總是會有女孩問我：「我也知道自己需要迎接挑戰，需要改變和提升，讓自己的能力強大起來，可是怎麼才能從固定心態轉變為成長心態呢？」接下來，我向大家分享幾點經驗。

第一，跳出現有思維模式。轉變心態，勇敢地去挑戰自我確實很難，但如果你能跳出現有的思維模式，告訴自己：「做出改變會讓我各方面的能力都得到提升，我會活成自己想要的樣子。」也許你就會迎來全新的自己。

有時候，當你把自己置身於一個沒有退路的情境中，你的所有潛能就會一下被激發。沒有人能精準預測我們會有多大的潛能，何不找個機會試一試呢？

第二，習慣於反思。問自己：「我從失敗中學到了什麼？」如果老是害怕失敗，你就可能經歷更多失敗。失敗確實可怕，但如果你能把失敗當作一次經驗教訓的積累，失敗將會是你的一筆財富。

第三，允許自己犯錯。生活中，犯錯在所難免，就算是聖人也有失誤的時候，畢竟人無完人。所以，你可以嘗試著對自己寬容些，給自己制定一個犯錯紀錄表，允許自己犯錯，並進行思考，做好總結，記錄犯錯的點滴。做得多了，你才能發現問題所在，接下來，就是你進步的大好時機。

人之所以能，是因為相信自己能，成長心態是可以學會的，它讓我們重新審視我們的生活和夢想，讓我們在不完美中進步，在進步中完美。

5 在愛情中，做自己情緒的主人

我的好友銘銘，最近真的是比較煩，陪伴她兩年有餘的小柯基走丟了，至今未歸。上個星期某次回家的路上，銘銘又遭遇了車禍，儘管只受了點皮肉傷，但足以讓她對駕駛產生心理陰影。與此同時，工作上，老闆還頻繁地給她安排各種髒活兒、累活兒，真的令她心力交瘁。好不容易熬到週末，她又因為一些雞毛蒜皮的小事情，跟一向被大家視為愛妻典範的丈夫狂吵一架，然後毅然離家出走，穿越大半個北京城，來向我哭訴和求助。

問及她與丈夫吵架的來由和經過，銘銘打開了話匣子。

她週六上午睡到自然醒，洗漱完畢，趴在沙發上加班寫一份策劃書，丈夫輕手輕腳地打掃家裡，廚房、客廳、衛生間，一遍遍地拖著地。本來思路就難以集中，丈夫又在眼前晃來晃去，銘銘實在忍不住，瞬間火冒三丈，對著呆若木雞的丈夫一頓咆哮。到了中午吃飯的時候，看著桌上，丈夫最擅長的幾道菜居然被做得「面目全非」，嘗了幾口，也是「五味雜陳」，於是銘銘扔下筷子，寧可煮泡麵也不願吃丈夫做的飯。以此為導火線，兩人你一言我一語，互不相讓，發展成各種抱怨、指責，再然後局面失控，最後的結局是銘銘摔門而去。

現實生活中，像銘銘這樣自己心有怨氣，借題發揮，拿身邊親近的人當出氣筒洩憤，把壞情緒傳遞給他人，然後惡性循環，最後又自己吞下惡果的故事，可以說是不勝枚舉。而這就是我想跟大家分享的：親密關係中的「踢貓效應」。

踢貓效應：別把你的壞情緒傳給他

到底什麼是踢貓效應呢？首先，請看下面這個有趣的小故事：一位父親在公司裡莫名其妙地受到了老闆的批評，於是回到家跟妻子大吵了一架。憤怒的妻子又把沙發上跳來跳去的孩子臭罵了一頓。孩子心中憋了一肚子氣，一腳將身邊打滾兒賣萌的小貓踢出窗外。可憐的喵星人驚慌失措地逃到街上，正好一輛卡車經過，司機為了避開突然出現的小貓，把路邊的小孩給撞傷了。

這就是心理學上有名的踢貓效應，它描述的是壞情緒的傳染過程：人的壞心情和不滿情緒，一般會隨著社會關係鏈條依次傳遞，由地位高的傳向地位低的，由強者傳向弱者，無處發洩的最弱小群體便成了最終的犧牲品。

在愛情中，你和你的愛人就是踢貓效應鏈條上的兩個環節。很多人在心情不好的時候，往往不是冷靜下來想原因，而是千方百計地找周圍的人發洩心中的怨氣。此時，自己身邊最親近的愛人，往往就會成為洩憤的直接對象。事實上，這麼做不僅無法改變自己的壞心情，還是在用自己的錯誤去懲罰無辜的愛人，稍有不慎，就會激發更大的矛盾。

反思一下銘銘的案例，多件令人煩躁的事情累加在一起，銘銘早已負面情緒爆棚，雖然主動打掃衛生的丈夫溫順得像隻綿羊，但他的舉動還是打擾到了銘銘，就像壓跨駱駝的最後一根稻草，銘銘的怒火瞬間被點燃。面對銘銘突如其來的憤怒和吼叫，丈夫很無奈，但壓抑著怒火沒有發作，殊不知負面情緒已悄然從銘銘傳遞到了丈夫那兒。臨近中午，帶著怨氣的丈夫失常地將飯菜做得「亂七八糟」，加班之後飢腸轆轆的銘銘吃到色相難看、味道不佳的飯菜，再次被激怒，使得沒有硝煙的戰爭進一步升級……

在這個過程中，我們可以分析出以下幾點：第一，負面情緒能夠快速地傳遞給身邊的愛人；第二，越是身邊的愛人越容易成為洩憤的對象；第三，負面情緒引發的惡性循環最終還是會讓你自食其果。

也就是說，發生踢貓效應時，人們更傾向於選擇身邊親密的人做為發洩對象，因為人們潛意識中會覺得親密的人不會把惡劣的情緒「回贈」給自己。可是，這並不代表他們對你的憤怒毫不在乎，只是他們選擇了默默地承受，而且，這會讓他們對你及你們的關係產生非常失望的情緒——這種不良的情感互動自然會導致你們產生疏離感和冷漠感，從而對你造成潛在的傷害。

從另一個角度來看，踢貓效應還啟示我們，有時你認為愛人與自己的期望相差甚遠，其實不是因為愛人做得不到位或太差，而是因為你自身蓄積了太多惡劣的情緒，這種情緒無處發洩，你就會不自覺地將愛人視為洩憤對象，進而開始挑剔愛人的種種毛病。

那麼，做為真正肇事者的負面情緒，到底是怎麼產生的呢？

負面情緒產生的根本原因

人有悲歡離合，月有陰晴圓缺。親密關係中的一方出現負面情緒實屬正常，但究竟是什麼導致了這些負面情緒的產生呢？我分析總結了一下，有三個方面的原因：

一是生理反應引發情緒問題。

美國心理學家詹姆斯（William James）和丹麥生理學家蘭格（Carl Lange）分別提出了內容相同的一種情緒理論，即情緒刺激引起身體的生理反應，而生理反應進一步導致情緒體驗的產生。

所以，腦洞大開的網友開玩笑式地總結了女人心情不好的三個原因：「大姨媽要來了你別惹我。」「大姨媽來了你別惹我。」「大姨媽剛走你別惹我。」不可否認，女人在生理期期間，伴隨著小腹脹痛、內分泌失調等症狀，會感覺心情壓抑、急躁緊張，容易衝動，情緒不夠穩定。還有的女性在受到傷病困擾、較為勞累、心力不支時，或是在陰雨連綿、嚴重的霧霾天氣等外部因素刺激下，也容易將身體和感官上的不悅轉變為情緒上的不悅。就像前面的例子裡，銘銘因車禍受的小傷還未痊癒，這也是激起負面情緒的原因之一。

二是心理壓力難以排解。

學員芳婧是一個典型的悲觀主義者，儘管她有一份令人豔羨的工作、一位愛她的男友，但她還是時常因為一些說不清、道不明的原因而焦慮、抱怨，每隔一段時間就會跟男友哭鬧一番，老是說：「我不想待在北京了，真沒勁。」「生活太沒意思了。」「一天到晚什麼也沒幹，可為什麼這麼累啊！」。一次兩次，男友還能好言相勸，但日復一日地鬧，最終把男友也感染得負能量滿滿，分分鐘想散夥走人。

像芳婧一樣習慣性地悲觀，就是因為心中有顧慮、憂心難解之事，而且不善於自我調整和排解，日積月累就導致了心理壓力過大，滋生出負面情緒。

三是生活壓力不堪重負。快節奏的生活讓我們每天都遭受著各式各樣的蹂躪，背負著經濟壓力、工作壓力、家庭壓力等各種負擔，長期處於高度緊張、承壓超載的狀態，這讓我們更容易產生消極情緒。如果這些壓力得不到正確的處理，就會讓我們產生負面情緒並將其帶入親密關係中。

如同踢貓效應的故事中那個男人，被老闆批評後氣急敗壞地回到家，不分青紅皂白就跟妻子吵起來，儘管妻子還沒有搞清楚丈夫到底因為什麼而生氣。實際上，生活中各種各樣的壓力也是導致人們心理負重過大的主要原因，所以第三點原因要與第二點結合起來看。

管控情緒，將爭吵消除在萌芽裡

怎樣才能使觸發踢貓效應的負面情緒得到控制和化解，將傷害親密關係的爭吵消除在萌芽狀態呢？以下幾點建議與大家分享。

第一，通過訓練生理反應來控制情緒。

美國心理學家羅伯特・費爾德曼（Robert S.Feldman）提出了一種較為有效的控制情緒的方法，稱為「數顏色法」。當你感到怒不可遏即將大發雷霆時，最好暫停手邊的事，環顧四周的景物，然後在心中默念：「這個杯子是粉色的，那條裙子是藍色的，我的襪子是黑色的。」諸如此類，大約花三十秒，去辨識自己周遭物體的顏色。

數顏色法可以讓因發怒而導致腎上腺素快速分泌的自己恢復靈敏的視覺功能，使大腦回歸理性思考。經過這短暫的緩衝，當你數完顏色後，心情就會平靜一些，以理智的態度去對待人事物。

第二，通過心理調節來控制情緒。

我曾讀過這樣一個故事，一位家庭主婦在自家門前掛了一塊木牌，上面寫著：「進門前，請脫去煩惱；回家時，帶快樂回來。」她的家充滿了和諧和幸福。問及木牌，女主人笑著說：「有一次我在鏡子裡看到自己疲憊的臉、緊鎖的眉頭、憂怨的眼睛，自己都嚇了一跳。於是，我就開始反思，孩子和丈夫看到我這副愁眉苦臉的樣子時會有什麼感覺，並由此想到了孩子的沉默和丈夫的冷淡。我原以為，做出這種表現是他們不對，直到那一刻我才明白，原來背後隱藏的真實原因其實來自於自己！」當晚女人和丈夫長談一番，第二天就做了一塊木牌釘在門上提醒自己。結果，被提醒的不只是她自己，而是一家人……

這位睿智主婦不經意的發現，讓原本死氣沉沉的家庭煥發了生機。家是溫暖的港灣，回到家中，和愛人相處時，就應該將煩心的事拋諸腦後，即使心有不悅，也要用合適的方式向愛人傾訴，用積極樂觀、充滿愛意的心去斬斷「踢貓」的傳遞鏈，不讓負面情緒變成惡性「傳染病」。

第三，通過轉換方式來控制情緒。

有這樣一個故事。有一天，美國總統林肯見到陸軍部長，得知陸軍部長因為某位同僚的不屑言語而氣憤不已，就建議部長給惹他生氣的人寫一封回擊信，並告訴部長可以在心中肆意痛罵那位同僚。很快，部長就寫好了一封言辭犀利的信，林肯看完後，給予了高度評價，隨後就把信扔進了火爐。部長不知所措，總統卻解釋說：「難道你沒有覺得寫完這封信後，心情舒暢多了嗎？如果還覺得沒消氣，那就再寫第二封吧。」

林肯處理情緒的辦法告訴我們，尋找合適的途徑消除心中的憤怒，或者將它轉化成另一種力量，可能更為合適。所以，如果想要化解親密關係中的負面情緒，你可以通過寫日記、聽音樂、做運動等方式來轉移視線，冷卻一觸即發的怒火，待情緒穩定後，再與愛人進行友好溝通。

孔子曾告訴他的弟子顏回：「克己復禮為仁。」如果將這句話放到親密關係中，我的理解就是，努力戰勝自己任性不羈、為所欲為的心魔，控制好自己的情緒，才能達到戀愛的理想境界。

Part 4

在愛情的十字路口，做對重要的決定

1 在愛與承諾之間，做出你的抉擇

Coco是我在工作中認識的一個女孩，她性情溫和、認真幹練，我認識她兩年多，幾乎聽不到她對生活的抱怨。

前兩天，為了溝通工作，我們約在一家西餐廳喝下午茶。其間，她一改往日的活潑，看著可口的慕斯甜點毫無反應，只是埋著頭憂鬱地喝著最苦的黑咖啡，一言不發、悶悶不樂，一副心事重重的樣子。

良久，她才終於開口跟我說：「你說，我應該繼續等他嗎？」Coco口中的他，是那個和她在一起四年，目前還在澳洲墨爾本留學的男友。

我說：「怎麼，他又讓你等他？」

Coco無奈地點了點頭，喃喃地說：「一週前我們又聊到結婚的事，他突然說想今年年底畢業後，工作兩年再結婚，絕口不提之前承諾的畢業就跟我領證的事情。當初在一起的時候，他跟我說，兩年後就結婚，那時我覺得經受得住時間考驗的愛情才是真愛，於是就答應了，可是兩年後他卻讓我再等兩年。你說今年結婚和兩年後結婚有區別嗎？他是真的想和我在一起嗎？難道說他已經不再愛我了，不然為什麼都沒有要娶我的衝動呢？」

聽著Coco一連串的問題，看著她沮喪的神情，我無奈地歎了口氣。我知道，換作兩年前，她肯定會滿心歡喜地答應，並認真地鼓勵男友。為男友加油，但現在她已經二十八歲了，這個兩年的承諾在現在的她看來是如此不可靠。

生活中，很多女孩都會遇到與Coco類似的情感問題。她們總是抱怨男友不願意兌現承諾，兩個人關係稍微前進一點，他就開始後撤。儘管兩人感情不錯，但一說到承諾這件事，男友就開始沉默或迴避。

為什麼會有那麼多情侶相愛多年，走到結婚這一步卻分手了呢？為什麼男友明明很愛你卻不願意給你一個承諾呢？

每個人都需要承諾

無論是父母輩還是我們這一代，大都認為一段戀愛成功的標誌就是婚姻。理所當然，對渴望婚姻的女孩來說，男友對婚姻的承諾就像一顆定心丸，讓她們可以踏踏實實地享受戀愛的幸福，憧憬美好的未來。反觀那些男友沒有給出承諾的女孩，她們好像總是患得患失，不知道這段感情是否該繼續，不知道自己會不會被耽誤。

那女人們想要的承諾到底是什麼呢？真的僅僅是婚姻嗎？

美國心理學家史坦柏格（Robert J. Sternberg）認為愛情承諾是指將自己投入一份感情的

決定及維持感情的努力。荷蘭阿姆斯特丹自由大學社會和組織心理學教授魯斯布林特（Caryl Rusbult）長期致力於親密關係的動機和行為研究，她曾提出承諾是對關係依靠的內在表現，包括長期的傾向和與關係連接的意識。

儘管承諾沒有一個廣為認可的定義，但這並不影響女人們對承諾表現出強烈的需求感。她們對承諾的渴望就像小孩子對父愛和母愛的渴望一樣，與其說她們需要愛的承諾，還不如說這就是人的本性使然。

很多人一生都在尋找自我的價值感和被愛的確定感，當我們擁有更多的價值感和被愛的體驗時，就會擁有更強的幸福感。換句話說，每個人都需要承諾，而不是愛需要承諾。人們內心深處對孤獨的恐懼，會讓他們一直渴望愛與被愛。

相互依賴理論：他在尋找最佳關係

既然我們如此渴望「他」的承諾，為何「他」卻對此視若無睹呢？

在正常的戀愛關係中，雙方就如同一個共同體，相互依靠，相互付出，相互交換有價值的回報。處在戀愛中的兩個人都希望得到最好的關係，這是人的本能。因此，當步入戀愛承諾這個階段時，兩人就開始考慮到付出和回報，進行比較，衡量兩者是否平衡，並考慮替代選擇的可能，這其實就是心理學上的「相互依賴理論」。

這個理論假設人們對戀愛關係的追求就像在人際超級市場中購物一般，不斷地尋找著最佳的關係，追求回報最高、成本最低的交往模式，並只願與能夠讓自己獲得足夠「利潤」的伴侶保持親密關係。因此，必須讓戀愛中的情侶得到自己滿意的利益，否則他們將不再繼續這段感情。

當他們想對這段感情做出承諾時，內心會有兩個評判標準：第一個標準是，能否從這段感情裡獲得自己想要的；第二個標準是，如果沒有現在的伴侶，自己是否能夠過得更好。

除了這兩個評判標準，他們還會想著用替代比較的方法來衡量。也就是說，如果此時遇到了其他更好的，能給他們帶來更大收益的對象，即使對目前的感情比較滿意，他們也會選擇離開現在的伴侶，轉而尋求更大的收益，這就是所謂的人往高處走。相反的，如果他們對現在的關係感到不滿，卻沒有更好的替代選擇出現，他們也不會輕易脫離現有的戀愛關係。為什麼有的人明知不愛對方，卻不選擇離開，是因為儘管現狀並沒有讓他們感到真正的快樂，但他們害怕離開後處境會更糟。

簡單地講，就是當你對目前的感情很滿意，並對這段感情和這個人投入了很多時間、精力和情感時，你環顧四周，覺得遇到和目前伴侶一樣好的人的機率也比較小，在這種情況下，你是不是更容易認定這個人，從而對感情做出承諾呢？

修煉自己，讓承諾來追你

小心翼翼經營著一段戀愛關係的你，就像初學騎自行車的人一樣，如果相信後座一直有人扶著，你便會內心踏實，騎得更遠；而當你心生恐懼，不再相信有人扶著，心慌意亂回頭的那一剎那，就註定了會摔倒。

同理，過度需要承諾的你，會因恐懼而無法放鬆地體驗和享受親密關係，會因過度關注自己的需要而無法更好地關注對方的需要。

新佛洛德主義最重要的理論家、心理學家埃里希・弗洛姆（Erich Fromm）在《健全的社會》裡對愛情下了定義：「愛情通常只不過是兩個人之間的一種交換，在人格市場上權衡自己的價值之後，得到他們期望中最好的東西。」

所以，親愛的女人們，與其被動地向男人要承諾，還不如把自己修煉得更強大，冷眼旁觀男人們在經過一番衡量、一系列複雜的價值對比後，最終下定決心與你牽手，這個時候你還可以驕傲地擺擺架子說：「這個，我還需要慎重考慮一下。」

其實在我眼裡，必要的承諾也是應該有的。

我記得小時候和哥哥一起去爬山，每次我累得不行的時候，哥哥就會說：「你快看，那個山坡上有個小亭子，我們趕緊爬到那兒，就可以休息了。」看著就在眼前的目標，想著能坐在亭子裡沐風而息，我立馬勁頭十足，快步向前。等到在小亭子裡休息片刻之後，我又恢復幾成體力，就又能繼續向前。

一路上，哥哥就是不斷地為我設定目標，一次次給我休息的承諾，我才能不斷地挖掘自己的潛能，不斷地克服困難，戰勝自己，最終登上山巔，飽覽秀麗風景。

正如以上所言，愛如跋涉，兩人一路同行總會遇到挫折阻撓，總會有些磕磕絆絆，也總有時會心生倦意，失去走到婚姻殿堂的信心和勇氣。而承諾讓我們充滿動力，讓我們有勇氣為實現目標努力地去奮鬥，讓我們有信心與愛人一起去打拚出一個屬於兩個人的光明未來。

沒能兌現承諾的他，也許是還沒有奠定較為堅實的經濟基礎，也許是還沒有為進入婚姻做好準備，所以，請你給他一些時間和空間，陪他一起奮鬥，和他一起成長，在做好自己的同時，充滿信心地積極地生活、學習和工作。我堅信，兩顆彼此赤誠而勇敢奮進的心，一起緊握患難與共的雙手，不離不棄、相依相伴，一定能夠走向幸福的終點——待到承諾兌現時，你在懷中笑！

2 危機初現時，即刻展開愛情保衛戰

接觸了那麼多傷心欲絕、信誓旦旦想要挽回前任的學員，除了對她們失戀的遭遇感到同

情外，我更多在考慮，如果在她們出現情感危機之時，能自知並找到合適的處理辦法，是不是她們就不會遭受失戀的打擊？

以下，我從心理學的角度分析一下，兩人從出現分手跡象到正式分手，經歷了一個怎樣的辛酸歷程，失戀的女孩們又經歷了怎樣的心理變化，並在此基礎上，給大家一些挽救愛情於危機初現之時的技巧和建議。

戀愛關係解體的四個階段

美國休斯頓州立大學心理學教授羅蘭・米勒（Rowland S Miller）在《親密關係》一書中提到，只有約四分之一的情形是某些關鍵事件突然改變了個體對親密關係的看法，大多數時候人們對親密關係的不滿都是逐漸積累起來的。結束一段感情，並不是件一蹴而就的事情，而是戀愛雙方互動、博奕和妥協的過程，是從一方開始意識到戀愛關係出現問題，直到雙方正式達成分手共識的過程。分手的過程或長或短，有的長達半年甚至一年，有的則短至十天半月，但無論長短，總體上都會呈現出一個階段性。

美國愛荷華大學傳播學教授史蒂文・達克（Steve Duck）在一九八二年提出，戀愛關係解體的過程可分為四個階段，分別是：第一，個體層面，即個體不斷思考自己對關係的不滿意感覺；第二，兩個個體之間的層面，即個體與伴侶討論分手的問題；第三，社會層面，即向其他人宣布分手的消息；第四，再回到個體層面，即個體從分手的經歷中恢復過來，並對這段經歷的過程以及原因形成自己的陳述或觀點視角。

基於達克教授的理論和失戀學員案例的總結分析，我將戀愛關係的結束過程按時間順序歸納為「矛盾暴露期」、「情感抉擇期」、「愛情修復期」和「關係結束期」四個階段。

戀愛關係解體四階段心理解析

在矛盾暴露期，突發事件導致你們之間原本若隱若現的矛盾瞬間升級，戀愛關係開始失去平衡。此時，男生表現出減少聯繫、不主動、態度變淡等後撤行為。面對男友的冷漠態度，女孩感到費解甚至是委屈，進而把問題都歸咎於男友，並採取消極應對的態度。

例如，學員茉莉曾跟我說：「玲瓏姐，最近我跟男友頻繁地吵架，他還不理我，我根本沒做錯什麼。於是我也決定不理他，忙我自己的事，等他來找我……」

到了情感抉擇期，因男友表現出來的冷漠和冷戰行為，女孩開始懷疑對方是否真的在乎自己，並重新審視自己對對方的感情，不斷地糾結於是否該繼續這段感情。此時，她滿腦子想的全是對方的缺點，並不斷在內心質問：「他為什麼還不主動找我？」

到了愛情修復期這個階段，女孩終於按捺不住冷戰的心理煎熬，心中依舊深愛男友的原動力不斷躁動，同時也意識到問題的嚴重性，於是開始自我反省。

經歷過這一過程的朋友應該深有感觸，反省模式一旦開啟便一發不可收拾。此時，女孩的情緒與情感抉擇期完全相反，腦海中九〇％以上都是自己的過錯。接著，就開始自我說服，積極主動地去挽救愛情。學員小山曾跟我說的：「玲瓏姐，我這些天思考了好久，也想通了一些事情，我不能再這樣逃避問題了。遇到問題就該積極地去解決，我現在要做的就是跟他好好地聊一次。」於是主動聯繫了男友，並告訴男友自己知道錯了，以後一定努力改。

通常，經過女孩的不懈努力和挽救，戀愛關係表面上得到了延續，但真正的危機並沒有得到實質的化解。對於「病入膏肓」的愛情而言，「速效救心丸」換來的可能只是曇花一現般的「迴光返照」。等男友下定決心分手，危機再度升級，戀愛關係的徹底結束也不過是在等待最後一根稻草的到來而已。他或許只是在等待一個可以明確說出分手的時機，而一旦表達出來，往往就沒有商量的餘地了。分手之後，很多女孩會採取一系列措施盡力挽救難以割捨的戀情，最後在單方面的努力甚至是「跪舔」中耗盡力氣，並無奈接受分手的事實。

學員小智就是一個典型，她說：「玲瓏姐，我真的不甘心，我們曾經那麼親密，他怎麼能說分手就分手？！我抱著最後的希望給他打電話，希望再談一談，求他不要分手，可他卻說，已經談了很多次，而且沒有任何改變，不想再跟我溝通了。我都跟他保證以後再也不做，什麼都聽他的了，我甚至連自尊都不要了，只希望他不要拋棄我，但他還是拒絕了。」

不要等到愛已病入膏肓才挽救

曾子曰：「吾日三省吾身。」我也告誡各位妹子，對於愛情，雖然不需要每日三省，但也要時常自我檢視、自我反思和自我糾正。「防患於未然」的成本遠遠小於「置之死地而後生」。在大多數戀愛關係中，如果能很好地處理矛盾暴露期出現的情感問題，分手的機率就會小很多。

那我們到底該如何面對在矛盾暴露期出現的、令人煩心的情感糾紛呢？

戀愛中情侶們發生爭吵是常事，但你要明白，出現爭執不可能完全是一方的錯。如果在出現矛盾時，你能做到先反思自我，再誠懇委婉地指出對方的不足，大部分矛盾就都會在這種理性溝通中得到化解。而戀愛雙方也正是在矛盾的不斷產生和化解中，加深對彼此的瞭解，提高雙方的默契和感情甜蜜度。

但有些女孩，在與男友出現矛盾時，最先考慮的永遠是怎麼保住自己在戀愛中的自尊和高姿態，例如學員小易的案例。

小易讓男友幫她訂十一假期回家的火車票，但訂票時當天的票早已賣完。因為九月三十號的票沒了，小易又說一定要回家，且不考慮飛機票，所以男友沒跟她商量，就直接幫她訂了十月一號的票。結果，小易把男友暴吼一頓，儘管男友再三解釋，小易仍然不依不饒，認為男友沒把她放在心上，逼著男友說以後不論大事小事，都跟她商量，不自己做決定。

當然，這只是小易與男友日常交往中的一個細節。但男友在小易長期的壓制和責怪下，最後終於爆發了小宇宙，鐵了心要分手。正是因為小易過分強調自己在戀愛中的高姿態，且面對情感問題不懂得反省自身，一味任性地指責男友，才有了被甩的結果。

張小嫻曾說過：「愛情本來並不複雜，來來去去不過三個字，不是『我愛你』、『我恨你』，便是『算了吧』、『你好嗎』、『對不起』。」而我想對戀愛中的你說，當你還想說「我愛你」的時候就不要說「我恨你」，當你還可以說「我愛你」的時候，就不要說「算了吧」。因為當你聽到「對不起」的時候，就意味著，愛，已經離你而去。

3 越瘋狂，越無法挽救愛情

面對分手，很多女孩都會採取一系列措施，無所不用其極，挽救難以割捨的戀情。然而，她們卻總會在單方面的努力甚至是「跪舔」中耗盡力氣，最終痛苦而無奈地接受分手的事實。我們暫且不說無奈接受分手，先來一起探討一下「挽回」。挽回感情這個話題，也是我從事情感諮詢工作以來，接觸到的主要問題之一，因為有這種需求的女孩子不在少數。

大部分女孩失戀後，會在悲痛欲絕中用僅存的一絲理智去思量，我不能失去他，我該用什麼樣的方式去挽回？什麼時候去挽回？我跟他之間還有可能嗎？在強烈依附情結——親密關係中的重要他人突然離開，導致習慣性的依附脫落，從而陷入絕望的無助、恐慌、茫然、苦思的心境——的驅動下，她們的行為舉止不再受大腦控制，會做出諸多瘋狂之舉。

可是，這些舉動真的有用嗎？

也許你也有過不理智的舉動

曾看到過一條微博，一名女子在與男友分手後，為求復合，在一週之內撥打男友電話兩萬七千六百三十九次，發郵件九百三十七封、簡訊一萬一千兩百二十九條。據瞭解，女子和男友交往了兩週左右便告分手。之後她便開始奪命連環 Call，同時用八支手機二十四小時不間斷地撥打男友家裡、工作單位電話以及個人手機。為了保持精力不犯睏，她還服用了提神藥物。最終，不堪其擾的男友將她告上法庭。

儘管我認為微博中的資料值得驗證——畢竟一個人在一週內即使不吃不喝不睡，每小時撥打一百六十五個電話，發送六十七條簡訊，也幾乎是不可能的事情。然而，面對這個案例，我還是徹底驚呆了。因為雖說像這樣極端的例子在我們生活中並不多見，但那種分手後狂打男友及其好友電話，只為逼他現身，心有不甘鬧到男友公司或家裡，只為求他再給一次機會或是當面解釋的劇情，可以說屢見不鮮。

學員莎莎找我諮詢的目的，就是挽回分手快一個月的前男友。在說完基本情況後，她欲言又止。我說：「你還有什麼難言之隱，快快如實招來，搞清全部狀況，才能對症下藥。」

莎莎有些難堪地說：「呃，那個，我……其實在分手一週後，我去找過他一次。那天晚上，我忍不住去他家找他，他不肯開門，我就一直敲，後來鄰居被我的敲門聲吸引出來，看到我在哭，他們就一邊安撫我一邊勸我前男友開門。前男友雖然開了門，但進門後，他也只是任由我哭，等我不哭了，他就說了一句話：『哭好了嗎？哭好了，趕緊回家吧。』」

我聽完，真的是又生氣又心疼，女人怎麼這麼不理智呢？

過度理由效應，讓你的挽回不得其法

拋開莎莎和前男友相處的細節不說，就現狀來看，莎莎不想分手，而前男友堅決要分，莎莎對前男友的需求感多過前男友對她的，這說明莎莎的言語、行動或性格中的弱點已經讓前男友無法忍受。而此時的莎莎卻無暇思考分手的深層原因，只想用行動來證明自己對前男友的一片癡心，迫切想要挽回愛情。

莎莎這樣做不僅不會讓前男友回心轉意，反而會讓對方認為她太偏執、太不可理喻。這還不是重點，重點是，莎莎為了挽回愛情而對前男友做出的「會改正、會反省」的承諾，只會讓對方覺得她是為了達成挽回目的才做的，而非發自肺腑地認識到自身問題的所在，就算勉強復合，兩人也不會長久。

其實，莎莎和前男友之間的挽回「鬥爭」可以用「過度理由效應」來解釋。

過度理由效應是一個社會心理學的現象。一九七一年，美國社會心理學家德西（Edward L. Deci）通過實驗，較好地證明了過度理由效應的存在。這個理論說的是，我們每個人都力圖使自己和別人的行為看起來合理，因此總是為行為尋找理由或藉口。一旦找到自認為合理的原因，一般就不會再繼續尋找下去；在尋找原因的時候，總是先找那些顯而易見的外在原因。當外部原因足以解釋行為的時候，人們往往就不再去尋找內部深層次的原因了。

這段文字有些晦澀，不太容易理解，講個關於過度理由效應的小故事，也許能讓你更容易明白。

曾有位老人，為了阻止一群頑皮的孩子在自己屋外追逐打鬧，想出了一個辦法。一天，他把孩子們都召集到一起，告訴他們誰叫的聲音越大，得到的糖果就越多。他根據每次孩子們吵鬧的程度給予不同數量的糖果做為獎勵。等到孩子們已經習慣於獲得糖果時，老人便開始逐漸減少所給的糖果數量，最後無論孩子們怎麼吵，老人都一個糖果也不給他們了。結果，孩子們覺得受到的待遇越來越不公正，認為「不給糖果了，誰還為你吵」，就再也不到老人的房子附近大聲吵鬧了。

老人巧妙地利用了過度理由效應達成了自己的目的；小孩把獲得糖果做為吵鬧的外在原因，如果只用外在原因來與吵鬧行為進行交易，那麼一旦這個外在原因不再存在，吵鬧行為也將停止。

再比如說，當你在尋求幫助的時候，很要好的一位朋友和一位陌生人幫助了你，對你來說，內心的感覺是不一樣的。我們能夠用外部理由來解釋朋友的助人行為，即他是你的朋友；而對陌生人來說，我們不能從外部找到合適的理由來解釋，所以就會從內部來找原因——他一定很樂於助人。

回到莎莎的案例，男友和她分手了，她的目的是挽回愛情，但她失去理智的解釋、哭訴和承諾越多、越頻繁，越會讓前男友感覺莎莎的目的僅僅是挽回感情，這就無形中掩蓋了莎莎內心對改變的真實渴求。如若莎莎繼續以這樣的方法挽回，前男友肯定會躲得越來越遠。相反，如果莎莎對感情和挽回的事情說得很少，而是下定決心改變和提高自己，前男友找不到更多的外部理由，才會相信你真正是發自內心地改變了，復合才有可能。

行勝於言，在感情的挽回當中亦如此。

改變自己，力挽狂男

其實，大多數情侶分手是因為盛怒之下的不理智，說出分手的那一刻，滿腦子想的都是對方的壞，消極情緒如排山倒海般襲來，斷定兩人沒有未來。冷靜下來之後，又不斷想起對方的好，開始後悔分手的決定。可是，說出去的話猶如潑出去的水，尤其是那些傷人的話總會給對方留下深深的烙印。所以，對方情已傷、心已冷，並不回應你的示好時，你該怎麼做呢？不管是被甩後的挽回，還是甩人後的挽回，到底怎麼做才是正確的挽回姿態呢？以下給大家一些挽回的建議。

第一，建設內心。挽回的第一步一定是內心的建設，在這個過程中，你應該做的是盡最大的努力，讓自己從痛苦的情緒中平靜下來，並客觀分析兩人分手的原因，從彼此的身上找問題，只有清楚兩人分手的原因，才能找到解決問題的方向。

第二，改變自己。在認清問題所在後，不要迫不及待地想著去建立聯繫，向對方保證會反省，而是要切切實實地開始改變自己。對方曾一再對你表達的不滿之處，如果是合理的，你要從內心接受，發自肺腑地去改正。在挽回時，越是替自己辯解，越是向對方承諾，越會讓對方覺得你目的性太強，也就是外在原因越充足，越容易掩蓋你真實的改變。這樣的挽回戰術，只會讓他後撤得更厲害。

第三，適當溝通。我經常能聽到這樣的擔心：「我的改變，他看不到怎麼辦？」事實上，在改變的過程中，適當的溝通是很有必要的。溝通的過程，其實就是他在對你進行重新評判，看看你是否有變化。這時你要保持耐心和平常心，不要因為他沒有回訊息或是回應冷淡而表現出委屈和憤怒。要多給他一點時間，要堅信你的真心改變會換來他的回心轉意。

在愛情保衛戰中，我把挽回定義為一場「攻堅戰」。《孫子兵法．謀攻篇》講「不戰而屈人之兵」，那麼在挽回攻堅戰中，怎樣才能不戰而屈人之兵呢？我的答案是——只能智取，不能強奪，你無法靠吵鬧而挽回人心。要在重重壓力之下，管控好自己的情緒和行為，找到合適的宣洩途徑和改變現狀的有效方法，不斷去感受他內心的真實需求，做出富有誠意的改變，從而逐步實現挽回的目的。

4 重建信任，你就贏得了挽救愛情的第一戰

信任，對情侶的相處到底有多重要，相信大家比我還清楚，但為什麼很多人明知道不信任會讓關係更糟，卻還是無法選擇相信呢？

經歷過信任危機的情侶尤其如此，當你發現原來的一切都是謊言，儘管對方知錯並一再請求你的原諒，儘管你還愛，也選擇了原諒，但你對他那種無條件的信任早已灰飛煙滅，難

以做到從心底接納他。你只能無數次在內心苦歎：「就此放棄和再次信任我都無法做到，我到底該怎麼辦？」

他的背叛，讓你的信任「崩盤」

我曾讀過北京大學社會學教授鄭也夫先生一篇關於信任的文章，他認為，在東西方不同的文化中，信任這種難以用金錢和物質衡量的東西，都占據著十分重要的地位。《論語》中「信」字出現了三十八次，在與道德有關的字眼中，它出現的次數高於其他重要的美德；而在《聖經》中，trust 和 confidence 兩個詞也有著較高的出現頻率。可見信任所體現的價值和發揮的作用可謂巨大。

正如莎士比亞說：「真實愛情的途徑並不平坦。」儘管信任如此重要和來之不易，但總有一些戀愛中的男女會因為這樣或那樣的原因，對戀人失去信任，儘管還愛著，卻多會習慣性地暗自神傷和不斷猜疑，讓愛情成為一種煎熬和自虐。

我有一位學員憶冉，她的男友浩傑異性緣很好。儘管她知道有很多女孩子把浩傑當暗戀對象，但她想著既然選擇了彼此，就應該相信男友。在平時的相處中，浩傑對她很好，也很專一，只是他和一位學姊頻繁聯繫，讓憶冉多少有些不舒服。那位學姊一直以姐姐的身分關心浩傑，平時只要學姊要浩傑幫什麼忙，他都是有求必應。憶冉曾提醒過男友好幾次，讓他跟學姊保持一定的距離，但浩傑都以自己與學姊是純粹的同窗之情為由，委婉拒絕了。

偶然一次，憶冉無意間發現了男友和學姊發的曖昧訊息，當時她整個人都傻了，對浩傑那種無條件的信任在一瞬間全部崩塌。浩傑解釋說，每次和憶冉發生爭執，他都會找學姊傾訴，時間長了，學姊也會將自己的種種不如意向他傾訴，但他們只是相互鼓勵安慰，絕對沒有愛情。

雖然浩傑坦承了自己的錯誤，經過一番掙扎，憶冉也選擇了原諒，但從此以後，憶冉的心裡就再也無法完全信任他了。憶冉哭著說：「他有過第一次欺騙，就可能會有第一次出軌，喜歡他的女人那麼多，他能經得住誘惑嗎？如果我們的感情漸漸變平淡了，他會怎麼樣？浩傑也很無奈，希望我能儘快走出陰影，但卻不知道怎麼幫我。我覺得自己快變成一個偏執狂了，我該怎麼辦？」

經歷過欺騙和背叛又選擇原諒對方的女孩們，對憶冉的痛苦一定能夠感同身受。曾經認為無比堅貞、相親相愛的伴侶竟然還有自己未曾發現的陰暗一面，但愛已深、情已切，這個人也並非十惡不赦，於是心軟決定給彼此一個機會，但儘管心底想要原諒，想要恢復到往昔的甜蜜，但很無奈，情緒根本不受自己控制，內心再也無力支撐起從前那般毫無保留的信任。

信任一旦被破壞，一百個微笑都救不回

那麼，信任到底意味著什麼？為什麼重新建立信任會如此困難？

在心理學中，信任是一種穩定的信念，是個體對他人話語、承諾和聲明可信賴的整體期望。信任的建立是一種心理層面的活動交流，個人在權衡他方和己方的利益關係，雙方相互做出承諾後建立起來的一種人際關係，具有一定的穩定性和脆弱性，若是雙方中有一方不能履行承諾，這種關係就會破滅。

美國心理學家多伊奇（Morton Deutsch）是社會心理學領域較早研究信任問題的學者，他通過研究人與人之間的信任問題，發現雙方合作與否，反映信任的有無。他還提出信任的定義：「個體根據預期可能發生的事件做出相應行動的過程，雖然他明白倘若此事並未如預期般地出現，此一行動可能帶給他的壞處比如期出現所可能帶來的好處要大。」這句話的意思，按照我的理解是：「信任是相互的，辜負信任帶來的傷痛大於履行承諾得到的好感。」

我想起曾聽過的一句話：「信任很脆弱，得到了就要好好呵護，一旦它被破壞，上百個微笑都無法修復。」的確如此，現實生活中，與一個不太熟悉的人建立信任相對容易，但對一個熟悉的人重建信任卻難上加難。從馬斯洛的需求層次理論來講，每個人都有歸屬與愛的需要，這種需要必然建立在安全需要的基礎之上。歸屬與愛涵蓋了人類各種感情需求，而達

成的過程需要投入時間和精力進行培養和促成。對於信任這種寶貴的情感需求而言，失而重建的成本和難度就可想而知了。

所以說，憶冉對浩傑的信任是她對男友的愛的最好表達，看得出來，她確實非常珍惜和男友的這段感情，不然也不會在後來選擇原諒。但原諒歸原諒，內心的傷痛卻久久不能癒合，也正是因為信任建立太不容易，故而重建被摧毀後的信任才會如此困難重重。

給你的愛加一道「容錯服務」

儘管在各大知名網站、情感類貼吧和論壇，關於情侶重建信任的討論和分析中，持悲觀態度、建議放棄治療的觀點占據主導地位，類似如何彌補信任之傷、找回幸福愛情的方法和技巧的資訊也少之又少，但我還是結合多個案例，從這個問題的心理學動因出發，提出了幾條建議，希望能夠幫助更多像憶冉一樣痛苦的情侶們治好「心病」。

第一，冷靜分析問題。

有些女孩子遇到男友辜負自己的信任，做了一些傷害兩人感情的事情時，歇斯底里地查遍男友的各種聊天紀錄、通話紀錄，一哭二鬧三上吊地要求犯錯的男友寫悔過書、保證書，疑心更重的會開始審視男友的一言一行和一舉一動……與其這麼瘋狂衝動，不如靜下心來好好分析一下你們的信任危機從何而起。

如果這個男人早就開始漠視你們的愛情，而且把踐踏承諾當作家常便飯，屢教不改還強詞奪理，那麼，請不要被他的花言巧語和雕蟲小技蒙蔽雙眼，請果斷地選擇放棄。因為，想跟錯誤的人做對的事，成功率幾乎為零。

如果這個男人本質一直是好的，只是犯了一些小錯誤，沒有觸及你的底線，或是他的確非常愛你且知錯能改，那麼，請你原諒他偶爾一次的放縱和過錯，不要讓失去理智的大腦來決策下一步怎麼做，更不要用同樣的背信棄義去報復對方和放大這件事情的不良影響，畢竟你們吵不出幸福，鬧不出未來。十八世紀蘇格蘭啟蒙哲學家休謨（David Hume）說過：「任何人在被證明值得信任前，都是不值得信任的。」所以，你們重建信任就從不信任開始吧。

第二，彼此深入溝通。

心理學家通過調查發現，婚姻最大的殺手就是「缺乏有效溝通」。在冷靜分析問題，找出問題根由的基礎上，雙方要做平和、深入和良好的溝通。不要因為在這件事情中你是受害者，就表現出頤指氣使和高人一等的姿態，要給對方一個說話和解釋的機會。

在溝通的過程中，你要嘗試站在對方的角度考慮問題。想想他為什麼會欺騙你，在當時的情境下，換作是你，是否也會這麼做？當你瞭解到對方是因為缺乏安全感或情非得已而犯錯時，也許你就會改變看問題的角度，更可能原諒對方。

除此之外，更重要的是在日常生活中，彼此之間要更多地談心交心，關心彼此的生活和工作，要更多地相互讚賞，強化對方的優點，及時溝通心中的各種疑惑和不確定感，將各種矛盾、問題解決在萌芽狀態。信任就是在這樣持續不斷、積極良好的溝通中，以循序漸進的方式重新建立起來的。

第三，保持樂觀心態。

儘管對他失去了信任，可是心中依然難以割捨這段愛情，這種狀態實際上就是一種心病，是心理上的失信之傷、糾結之痛。心病還需心藥醫。通過伴侶的失信之舉，你會更加瞭解自己，更瞭解對方，更理智地分析你們的關係，而如果你看清現狀後仍舊選擇原諒，你將會吸取經驗及教訓，以免今後在同一個地方跌倒。

另外，通過及早地發現你們情感問題的所在，懸崖勒馬，可以及時挽救愛情。從另一個角度來看，這何嘗不是一種成長和收穫？

因此，要保持積極樂觀的心態，儘快從悲傷的經歷中走出來，儘量嘗試恢復正常的情緒，如果你一直生活在背叛的陰影中，會錯過生命中更多美好的風景。愛人不疑、疑人不愛，經歷了情感的風雨，才能看到幸福的彩虹。不是每個人都是完美無缺的真心英雄，也沒有誰的愛情之旅隨隨便便就能成功，只有樂觀面對愛情、積極重建信任，才能讓你們愛得從容，愛得成功。

相信很多人都用過信用卡，知道很多信用卡都有「容時服務」，即只要不是惡意逾期，在欠款三天以內還款，即視為按時還款，也不會影響個人誠信紀錄。那麼，如果給情侶間的互信加一項類似的「容錯服務」，按照上面所提的三條建議去做，相信你們離重新找回信任和愛情就不遠了。

5 愛情斯德哥爾摩，讓你傷得越痛，愛得越深

上週六，閨密小北來北京出差，快半年沒見，這妞又美了不少。一起喝咖啡的時候，我問她：「最近過得怎麼樣啊，還跟他糾纏嗎？」

小北撇了撇嘴，故做輕鬆地說：「沒有呀，挺好的，朋友嘛。」

我知道，她還是沒有忘記阿占。

二〇一一年，小北讀研二，從未談過戀愛的她，在這一年跟大三的學弟阿占來了場校園「黃昏戀」。高大帥氣的阿占滿足了小北對男友的所有幻想。但熱戀期一過，兩人的矛盾便慢慢顯露出來。阿占急躁的性格總讓小北感到無可奈何，從一吵架就拿分手來威脅小北，發展到後來對她破口大罵，甚至有幾次還動手打她。兩人冷戰時，阿占居然明目張膽地跟其他女孩子舉止親密。儘管小北曾無數次下決心要跟他分手，卻總是因為捨不得而繼續將就著。

畢業後，兩人去了不同的城市工作。在小北單方面的主動下，兩人一直保持著若有似無的聯繫。一次偶然的機會，小北得知阿占辭了工作，於是立馬託關係，在自己所在的公司幫阿占安排了一個職位。成為同事後，兩人似乎又多了幾分親密。然而，劇情並沒有朝著小北期待的方向發展。帥氣的阿占在公司很受歡迎，於是他索性跟小北劃清界限，與公司其他女孩們玩得不亦樂乎，偶爾感情受挫了，才會找到小北求安慰，給小北希望又讓她失望。

在憎惡阿占厚顏無恥的同時，我更心痛小北的軟弱，每次說阿占「渣」的時候，她總是會固執地來一句：「你們都不懂他，他只是還沒長大。」

你患了愛情斯德哥爾摩症候群？

張愛玲曾說過：「喜歡一個人，會卑微到塵埃裡，然後開出花來。」

現實生活中，像小北這樣為愛情放棄尊嚴和底線的女孩不在少數。她們明知對方是渣男，明知對方不愛自己，但就是難以跨越內心的情感「魔障」，傷得越深就越癡迷，恨得越徹骨就越無法抽離。在好奇自己為何會如此軟弱、如此不堪一擊的同時，又束手無策。殊不知，她們已悄然患上了「愛情斯德哥爾摩症候群」。

說起斯德哥爾摩，很多人都知道是瑞典的首都、著名化學家諾貝爾的故鄉。至於斯德哥爾摩症候群這個術語，則源於一九七三年在斯德哥爾摩發生的一起綁架案。兩名歹徒因搶劫銀行失敗而挾持了四位銀行職員。在與警方僵持一百三十個小時後，歹徒選擇了放棄。令人驚訝的是，四名人質竟然沒有一個站出來指控歹徒，一位女人質甚至愛上了其中一位歹徒。

這個現象引起了心理學家的好奇，他們經過研究發現，人性能承受的恐懼有一條脆弱的底線。當人遇上了一個瘋狂的殺手，殺手不講理，隨時能取他的性命時，這人就會把生命權漸漸付託給這個殺手。時間久了，這個人每吃一口飯、喝一口水，甚至每一次呼吸，都會覺得是殺手對自己的寬忍和慈悲。於是，這個人對殺手的恐懼會逐漸轉化為感激，然後演化為崇拜，最後會下意識地以為殺手的安全就是自己的安全。對於這種現象，心理學家稱之為斯德哥爾摩症候群。

心理學家通過理論和實證研究發現，只要時機比較合適，任何人都有患上斯德哥爾摩症候群的可能。尤其是在愛情中，愛上傷害自己的人，而且傷得越深，越難以忘懷，時刻為他著想，甚至對他念念不忘。我們中間的很多人都希望自己擁有超能力去改變對方，相信自己能夠用真誠、善良去融化、改變愛人。正是這種相信自己能改變對方的信念，大大增加了人們患上愛情斯德哥爾摩症候群的機率——如同小北一樣，愛上傷害自己的阿占，時刻為他著想，甚至對他念念不忘。

這種愛情，其實毫無意義

心理學家認為，愛情斯德哥爾摩症候群產生的根源，一方面在於人類本性中畏懼和崇拜強者的劣根性，也就是欺軟怕硬的本性；另一方面在於善良的自我犧牲式的救贖。

我綜合了多個患有愛情斯德哥爾摩症候群的學員案例，在系統分析的基礎上，對愛情斯德哥爾摩症候群按照症狀的輕重緩急進行了分類。

第一類，輕度型。通常表現為：會不經意想起他怒火中燒、氣急敗壞的模樣；會被他幾年都難得見一次的淚水深深感動；會因為他偶爾買的禮物而開心不已，甘願為他受一些小小的委屈，心中似乎還感覺有幾分甜蜜。這種輕度愛情斯德哥爾摩症候群，嚴格意義上來說，並不算心理疾病，可以說是戀愛中包容、理解、珍愛對方的一種正常表現，畢竟在愛情中做出一些必要的忍耐和有意義的犧牲是可以理解的。

第二類，中度型。你對他的愛已經成為慣性，即使你明知他腳踏幾條船，觸及你的原則與底線，也會在看得見的悲劇面前義無反顧。你對他帶給自己的傷害已經習以為常，只好讓愛和傷害攜手前行，投入越多越難以割捨和放棄。

學員小巫妖與男友相識的時候，儘管她明知自己愛上的這個男人還跟好幾個女人保持著曖昧關係，卻仍是一頭栽了進去，她說：「他總有一天會結婚，而我為什麼就不會是那個讓他從此安定下來的人呢？我要試試。」

第三類，重度型。男友或丈夫瘋狂的家庭暴力，對你而言已經是家常便飯，但你還在心底用他心情不好、壓力太大、不發脾氣的時候其實還很好等理由為他辯解，為自己療傷。

大家可以腦補一下：男人瘋狂地毆打女友或妻子，群眾或親朋好友看不下去，正義感湧上心頭，蜂擁而上猛揍那個暴力的男人，此刻，泣不成聲的女人還低聲下氣地請各位熱心人士手下留情，不要傷害這個男人。

金庸的《天龍八部》裡，游坦之和阿紫的虐戀就讓我記憶深刻。曾經風度翩翩的聚賢莊少莊主游坦之，為了阿紫，甘做奴隸，套上鐵頭套。為了幫阿紫練成化功大法，被毒蟲肆意撕咬也毫無怨言，最後還為了她跳崖自盡。一個有變態的施虐癖，一個是畸形的受虐狂。

重度愛情斯德哥爾摩症候群，消耗的是你毫無意義、失無所失的愛情，帶給你的是永無止境的傷害。

少一點軟弱，學會果斷地離開

在瞭解斯德哥爾摩症候群中歹徒和人質之間的心理變化、行為舉止的基礎上，我透過各種現實的案例，總結歸納出了陷入愛情斯德哥爾摩症候群的女人通常具備的三個特徵：

第一，你們之間還有感情。為什麼不說是「愛情」？因為你們之間的愛不均衡、不對稱，你對他死心塌地，他對你不冷不熱。實質上，你對他的感情多半是由日積月累的相處帶來的依賴感，這也是你甘心承受痛苦、不願放棄的意義所在。

第二，他偶爾會給你一點小恩小惠。很少陪你的他，居然主動約你共進晚餐；毆打你之後向你道歉說再也不會這樣，陪你出去逛街，買了你心儀已久的高跟鞋……這些普通情侶之間再平常不過的舉動，足以讓你發自肺腑地為之感動，暫時寬恕他所有的錯，讓自己斑駁的傷口結上一層脆弱的痂。

第三，你認為分手是絕不可能的事情。在他的強勢、蠻橫面前，你是那麼的軟弱、卑微和死心塌地。長時間在這樣一種病態的感情裡，你已經失去了原有的性格和自信，你覺得你還愛著他，儘管他不完美，但離開了他，很難再找到更合適的人。你還會心存顧忌，覺得自己都付出那麼多了，就這麼放棄，簡直就是前功盡棄。你不想失去愛人，你的孩子也不能沒有父親。你可能還會心生憐憫，覺得自己就是他的救世主，堅信能夠把他改造得更加完美，而等到那一天，你們終將找到屬於自己的幸福。

理清了特徵、看到了本質，才能更好地對症下藥。對於現實生活中患有愛情斯德哥爾摩症候群的女人們，如果想早日脫離苦海、改變現實，以下這些建議供大家參考。

首先，要控制好濫用的情。不要以為自我犧牲、不計回報的付出就能換來想像中的一切，陷入這樣的虐戀，受傷害的不僅僅是你，還有所有關心愛護你的人。不要從他偶爾一次善意的舉動和具有愛意的付出中，誤讀出他徹底想要改變自己的欲望，屢教不改的他對這些小伎倆使用得早已爐火純青。

把自己從對他全神貫注的情感投入中解脫出來，還有很多有意義的事情值得你去做，例如讀一本勵志的書，學會自愛、自強；傾聽家人和朋友的逆耳忠言，調整自己的愛情觀和生活狀態；專注於工作，讓事業上的成就感幫助你找回自我和自信。

其次，要培養出勇敢的心。勝利屬於強者、生活眷顧強者。堅信自己能夠從懵懂的年華裡、「華麗的冒險」中走出來，揮一揮衣袖，勇敢地告別那些烏雲密布、電閃雷鳴的歲月。對他一而再、再而三的出軌、辜負和傷害，不再包容和諒解，哪怕愛意再深，也要斬斷情絲，以絕後患。面對家庭暴力，絕不忍氣吞聲、妥協讓步，主動取得親朋好友的理解和支持，並用法律維護自己應有的權益。

最後，要做自己命運的主人。不要天真地以為他是你的所有，離開了他，你就失去了一切。不要僥倖地認為你能夠改變一個根本不可能改變的人，把終生的幸福託付給一個隻會玩弄你、傷害你的人。放棄一棵樹，得到的將是一片森林，告別一個「壞人」，才有機會找到幸福的愛情。

香港著名詞人林夕在〈斯德哥爾摩情人〉中寫道：「糊塗地軟弱當善良，誰就這樣變善良，你更放肆得漂亮，也許，當我感到窒息，想逃亡，卻未戒掉浴血的欲望。」配上陳奕迅獨特的嗓音，堪稱完美。

女人們，少一點無謂的軟弱和善良，拒絕他的放肆和囂張，當你在愛的斯德哥爾摩症候群中感覺到窒息時，請你果斷選擇逃離。告別傷痛，忘記過去，振翅高飛的你，會在藍天中找到屬於自己的雲彩。

6 家暴行為發生，你還在忍氣吞聲嗎？

前段時間，有一條消息在微博上傳得火熱，說的是一個美女網紅戀上富二代，遭遇家暴，百萬假胸被打爆。儘管這位網紅也坦白說，最初跟他在一起確實是因為錢，但後來也是付出了真心的。

然而，這種內心獨白並沒換來多少網友的同情，多數群眾也就是輕描淡寫地評論一句「活該，有因必有果」、「出來混遲早得還」。女孩的戀愛初衷確實讓人有些唏噓，但她的遭遇卻引起了很多女孩的共鳴，觸發這一點的就是家暴。

家暴比想像中更普遍

國外有雜誌曾報導，全球三五％的婦女和女童遭受過身體或某種形式的家庭暴力。

據中國全國婦聯統計，中國兩億七千萬個家庭中，有三○％的已婚婦女曾遭受過家暴，平均每七．四秒就會有一位女性受到丈夫毆打。家暴致死，占婦女他殺原因的四○％以上。中國每年有十五萬七千名婦女自殺，其中六○％是因為家庭暴力。不得不說，這是一系列讓人觸目驚心的資料。

前來向我諮詢的學員中也有不少遭遇家暴的女孩，她們中有的人在猶豫要不要離開那個經常對她施暴的男人，有的人在困惑該怎樣做才能讓他不打自己，還有的則是想要離開，卻因為害怕受到更大的傷害而不敢行動，度日如年。學員茵曼就屬於第三類，因為男友的恐嚇，她不敢分手。

茵曼跟男友在一起三年，最開始兩個人是由朋友介紹認識的，茵曼和男友性子都有些急躁，經常為些雞毛蒜皮的小事爭吵。最初，兩人吵完，消消氣也就好了，直到有一次因為茵曼沒聽男友的建議搞砸了一件事，男友氣急敗壞地打了她一頓，她才猛然發現兩人性格真的不合適，萌生了分手的念頭。但後來男友真摯誠懇地道了歉，茵曼心一軟，給他立了「動口不動手」的規矩後，兩人和好了。

但這並沒有換來男友的徹底反省，他反而變本加厲了。尤其是在喝酒後，男友那種殺紅眼的架勢實在讓她覺得恐怖。終於，茵曼在又一次被打後，有氣無力地提出了分手，男友毫無懼色，憤怒地揚言，她要敢跑，天涯海角都會把她找回來，找不到就拿家人開刀。茵曼徹底被嚇住，自此就一直生活在家暴的恐懼之中，身心俱疲。

我勸她說：「你為什麼不去尋求法律的幫助呢？」她說：「那些幫助都是表面上的，他肯定會暗地裡對我下手，我玩不過他，為了家人，我認命了。」

茵曼的遭遇讓人同情，她除了離開這個暴力的人別無選擇，但不幸的是，這個選擇還無法實現。很多人會問，為什麼我不能去改變施暴的人？為什麼會有那麼多男人實施家庭暴力？這裡面都有哪些心理因素？

施暴者的「挫折—攻擊」模式

從社會心理學的角度來看，家庭暴力行為可以定義為攻擊，也就是以引起他人身體或心理痛苦為目的的故意行為。

在對攻擊行為進行研究的過程中，美國心理學家羅森茨韋克（James E. Rosenzweig）得出了挫折攻擊理論，後來心理學家約翰·朵拉德（John Dollard）等人對其進行了進一步的發展，並形成了一種公認的觀點——挫折總會導致某種形式的攻擊行為。這裡的挫折指的是任何阻礙人們實現目標的事物。他們認為，當一個人遭受挫折時，為了緩解內心的緊張，保持心理平衡，必然要通過侵犯、攻擊行為來發洩內心的不滿。

茵曼男友的行為屬於典型的「挫折—攻擊」模式，因為事態的發展不在自己的掌控之中，沒有達到自己想要的狀態，除了通過對茵曼動手來洩憤之外，他不知道怎麼去調整自己的情緒，於是就開始對茵曼施暴。

一九九四年，美國心理學家在印第安那州和田納西州研究了六千多個美國家庭，要求孩子父母填寫一份自我報告表，內容是他們對自己孩子使用過哪些類型的體罰，以及體罰孩子的頻率等。

這項研究持續了數十年，目的是研究家庭暴力的模式和結果。而且，在這個研究中，重點關注了個體在青少年時期受到的體罰與他們後來生活狀況的相關性，並通過對這些孩子數十年的跟蹤調查得出結論。

研究的結論十分具有戲劇性。大約五〇％的研究對象曾在青少年時受過體罰，而這部分孩子後來更可能經歷各種問題，包括抑鬱、自殺、酗酒、虐待兒童和毆打伴侶等。

最後，研究者得出結論：終止打屁股和其他各種體罰，對從根本上預防虐待兒童，對配偶、抑鬱、自殺和酗酒問題具有重要意義。這一結論有效地說明了，為什麼那些因暴力傷人被捕的犯人，大多都來自缺乏良好家庭教育的破碎家庭。可以說，家庭暴力施暴者的行為與他原生家庭的教育方式和家庭氛圍有很大的關聯。

理性應對暴力攻擊

根據美國一項調查，家暴受害者平均遭受過七次暴力後才會產生離婚的念頭。而在中國，受害人平均遭受三十五次家暴後才會選擇報警。她們之所以能如此隱忍，主要有以下原因：為孩子著想、自己經濟不獨立、愛面子、擔心被外人嘲笑、被施暴者恐嚇等。另外，許多施暴者在事後會表現出深深的悔意，也讓受害人天真地認為對方會為了自己而克制。

其實在與心愛的他墜入愛河時，大部分女孩是無從察覺對方是否有暴力傾向或「挫折─攻擊型人格」的，尤其是在交往初期對方經過刻意偽裝，你更是無法辨別。那麼，當發現對方有家暴行為的時候，你到底該怎麼做呢？我給大家幾點建議。

第一，緩解你的急躁。

一般情況下，經常進行家庭暴力的男人，通常有一個不怎麼美好的童年，在一個缺乏關愛的家庭裡長大。他的性格很鮮明，比如欺軟怕硬，或者吃軟不吃硬等。面對這樣的人，你不要去硬碰硬，既然選擇跟他在一起，就用溫和的方式去達成有效溝通。否則，吵起架來，你在他面前真的毫無優勢。

如果耐心溝通依然激不起對方任何的心靈波瀾，你就要考慮從這段錯誤的感情中抽身，以免受到更大的傷害。

第二，不要忽視第一次。

在對方有第一次家暴行為發生時，一定要把事情「鬧」得很大，要將這件事定義為你們之間的「刑事案件」，他需要為自己的衝動和不尊重付出代價。不管誰錯在先，但動手實在是觸碰了你的底線和原則，你要做的是讓這件事持續發酵，讓他進行深刻的反省。

你們之間可以真真切切地痛幾天，最好能讓他在下一次動手之前因為顧忌你的感受而克制自己。弱肉強食是動物界永恆不變的生存法則，在親密關係的相處中同樣適用，你越軟弱，他只會越猖狂，進而絲毫不將你放在眼中。

第三，讓自己更強大。

在諮詢中，我發現很多遭受家庭暴力的女性在生活中都有些逆來順受，她們很少有人能做到獨立自強。性格的軟弱、思維的禁錮、人格的迷失，讓她們一邊抽噎一邊獨自舔傷，而那些男人早已將她們吃定，知道這個女人無論怎麼飛也飛不出自己的掌心，因而變本加厲地傷害她。

我有一個全職太太學員就是如此，丈夫心情不好就對她一頓毒打，我不止一次勸她：「重新來過，一點點建立自信，找回自我，儘早考慮從這段婚姻中抽身。」但她只是一次次充滿絕望地對我說，十年的婚姻生活已經把她熬乾了，她改變不了自己，改變不了丈夫……

第四，拿起法律武器來捍衛自己的權益。

在遭受家暴後，你可以對施暴現場及自己身體受傷的部位進行拍照和錄影，並及時去醫院治療，保留就診紀錄，如有必要，可以進行傷害鑑定。

之後，你可以向社會機構等組織尋求協助。如果情節特別嚴重，你可以向法律援助機構尋求法律幫助，或到警察局報案，請求員警制止暴力並申請傷情鑑定。如果你已婚，在溝通無效後，可以依法向法院訴請離婚，並提交家暴的相關證據以爭取子女的撫養權，並爭取多分得夫妻共同財產。

上述建議，其實滙成一句，就是只有當你有能力改變對方的家暴行為，且對方願意為你改變，你們的關係才會有實質性的改變；而當你改變不了時，一定要果斷抽身，越早越好。

最後說一句題外話，在此我想特別提醒一下那些已為人父母的朋友們，注意自己對孩子的懲罰方式。許多父母會因為孩子調皮而動手打孩子，其實這樣的教育方式雖然看似能讓孩子因為畏懼而克制調皮搗蛋，但其實是不利於孩子身心健康的。畢竟愛玩愛鬧是孩子的天性，不一定非要用棍棒教育的方式讓孩子「改邪歸正」。如果你是經常打孩子的父母，那麼你的孩子在長大成人後有暴力傾向的可能性極大。

人們總說，孩子就像是父母的鏡子，孩子的問題與父母的行為密不可分，所以父母們大可嘗試不懲罰不嬌縱地去教育孩子，讓他的心智更健康。

Part 5

當愛情的警鐘被敲響

1 打開你的雷達，偵查出軌這件事

在這個物欲橫流、從善如登的時代，男友劈腿、丈夫出軌早已不再是新聞，我接觸的學員中，至少有三分之一是因男友或丈夫出軌前來諮詢的。

為了給更多的癡情女子一些應對情侶出軌的建議和方法，我會連續用三個主題，針對在這種情感糾葛中的三個主體——男人、第三者、女人，從心理學的角度進行系統的分析，找出問題的根源，探討解決的辦法，希望對讀者有所裨益。這第一部分的內容就是——分析你的他為什麼會出軌。

男人出軌「三宗罪」

達爾文的進化論主張雄性動物和雌性動物的本能需求不同，因而男性和女性對待情愛和性愛的邏輯大相徑庭。在感情世界裡，雖然人們常說「三年之痛」、「七年之癢」，但其實沒有任何一個男人命中註定會犯桃花，也沒有哪個男人天生就一定會出軌。

那麼，男人們究竟為什麼會出軌呢？根據以往的諮詢經驗和學員們的案例，我總結出男人出軌的「三宗罪」。

一是他之過。不排除某些渣男本性風流，即使你已完美得無可挑剔，也無法讓一個渴望拈花惹草、需求情感刺激的人從此安分生活。

說到此，我們不可迴避一個話題，那就是性之於男人的重要性。孔子講：「飲食男女，人之大欲存焉。」意思是說，人這一生離不開兩件事：飲食、男女關係。一個是生活的問題，一個是性的問題，兩者同等重要。日子長了，審美疲勞讓男人心裡對常規的性愛泛不起任何波瀾。如果你拒絕情趣玩具，不懂得推陳出新，甚至連愛愛前用點口氣清新劑、噴點香水、穿條蕾絲花邊的長筒襪都嫌麻煩，如此這般怎能激起男人的性趣？日復一日，性生活如同用自己的左手握右手一般，不知不覺間就不和諧了。

男人在性這件大事上，長時間得不到滿足，無疑為他出去「偷吃」埋下了伏筆。學員歐漫就是在孩子出生不久後，經歷了丈夫出軌的打擊。她說生產後，自己對性生活的需求越來越淡，甚至感到排斥，剛開始還想著慢慢調整，沒想到丈夫卻沒那麼好的耐心，禁不住誘惑的他，還是出軌了。

二是你之錯。即使沒有房貸、車貸的困擾，股票套牢、期貨大跌、生意虧損、業績不佳、升職不順、孩子求學、傷病困擾等，總有一樣如泰山壓頂一般，讓你的男人難堪重負。

與此同時，現代女性大多數也都有自己的工作，注意力更多地放在孩子和事業上，與愛人僅有的相處時光也被手機占據，進而忽略了對愛人的關心和呵護。再加上那些清官都難斷的家務瑣事，你的男人已幾近崩潰。

更別說還有些女強人占據著家庭絕對的統治地位，把男人當成附屬品，讓他們在喪失地位、缺乏尊重、無比壓抑的環境中痛苦掙扎。如果此刻，他身邊出現一位善解人意、投懷送抱的女子，你們年久失修的愛情大廈必將面臨傾覆的危險。

三是妖之惑。從《封神演義》中的妲己到現在各種第三者，「狐狸精」可謂歷史悠久。有時候，真的不是男人不夠愛你，而是外面的世界太精彩，多情的女人無處不在。

一起出差的女同事、應酬中遇到的女性朋友、大學的初戀……她們不用考慮家庭的煩惱，所以能激情四射；她們無須顧忌責任，所以更熱情似火；她們未知的神祕讓男人們鬼迷心竅。如此這般不安分的心、浪漫的情愫，再加上酒精麻醉，讓男人不由自主就深陷其中。

當然，也許這些只是偶然，而那些垂涎你男人已久的女人，她們只是在默默地等待一個機會，隨時隨地準備取代你。

給出軌男人畫個心理側寫

雖說男人出軌的理由千奇百怪，但從生物學的角度來講，面對新人更快樂是男人的「默認思維」，所以詩聖杜甫在〈佳人〉一詩中寫道：「但見新人笑，哪聞舊人哭。」男人在情愛這件事情上，有著喜新厭舊的生理基礎。關於這一點，「柯立芝效應」可以做出解釋。

卡爾文・柯立芝（John Calvin Coolidge, Jr.）是美國第三十任總統，有一天他攜夫人參觀一個家禽農場。參觀過程中，總統夫人問農場主人：「怎樣用少量的公雞生產出這麼多能孵育的雞蛋？」

農場主自豪地說：「我這裡的公雞每天都要執行職責幾十次。」

「請告訴柯立芝先生。」第一夫人強調說。

總統聽到後，問農場主：「公雞每次都是為同一隻母雞服務嗎？」

農場主回答：「不，牠們為許多隻不同的母雞服務。」

「請轉告柯立芝太太。」總統說。

這個發生在美國總統身上的小故事，就是「柯立芝效應」一詞的來源，也讓我們看到大人物也會有關於性與愛的困惑。

美國德克薩斯大學教授、進化心理學家大衛・巴斯（David M. Buss），研究人類擇偶行為多年，他認為，與女人相比，男人具有更強烈的花心傾向，「這是因為，物種在進化尺度上的成功意味著留下盡可能多的後代，而制約男人成功的條件是女人的數量」。

當然，除了從進化心理學的角度解釋男人的出軌心理，美國婚姻諮詢師蓋瑞・紐曼（Gary Newman）還用統計分析的方法對此進行了研究——通過對兩百多名男性進行調查，他發現，四八％的男人認為情感得不到滿足是其出軌的主因；八％的男人表示對性生活不滿意是其出軌的主因，這些人中，僅有一二％的男人表示情婦比妻子更有魅力；七三％的男人在認識另一個女人至少一個月後才出軌；六八％的出軌男人做夢都沒想過自己會出軌；六六％的男性在出軌後感到內疚；七七％的出軌男人都有一個出過軌的好友；四〇％的男人在工作中發生了外遇。

從上面這一組資料中，我們可以清晰地看出，情感得不到滿足比性愛得不到滿足更容易導致出軌；男人在出軌之前，你有足夠的時間根據種種跡象做出儘早的判斷；經常與出軌的朋友在一起的人，更容易出軌。

防患於未然，降低他的出軌率

根據上面的結論，我在此給出幾個降低男人出軌機率的建議。

首先，多一分理解。男人也是情感動物，希望愛人能理解自己為這段親密關係付出的努力，但男人並不善於表達情感，他們覺得主動向女人示弱有失男子漢氣概，以至於他們的情感訴求經常被漠視。所以說，女人要營造一種體貼、呵護的氛圍，經常給予他讚揚，以提升兩人相處時的親密度和舒適感。

其次，多一些技巧。除了在性愛上多花點心思外，還可以通過運動來塑形，健康的體魄和凹凸有致的身形會讓你們的性生活品質得到顯著提高。另外，儘量減少男人與他的「狐朋狗友」一起鬼混的次數，少讓他們進出酒吧、ＫＴＶ或夜店等充滿誘惑的場所，不妨讓他們一起來家裡觀看球賽或聚會。

最後，多一絲警覺。任何事件在發生之前或多或少都是有些徵兆的，提前探尋蛛絲馬跡，對於儘早遏止即將發生的出軌十分重要。常見的出軌信號有：不回家的次數逐漸增多，對你的「性趣」不濃，一點小事都能發生多次爭吵，經常不接你的電話，經常不經意間誇獎或提及某位女同事，襯衣上沾滿了陌生的香水味等。當然，物極必反，你也不要過於敏感，該講的道理一定要講清楚，切忌無理取鬧。

所以說，杜絕男人出軌不太可能，但減少或降低男人出軌的機率還是有辦法可循的。

2 小心！總有人在偷偷挖你牆腳

中國第一部古典文集和最早的歷史文獻《尚書》中記載：「男女不以義交者，其刑宮。」這可以說是中國最早的關於出軌的刑罰記載了。這本創作於戰國時期的儒家經典中就有關於「出軌」的論述，足見出軌的問題歷史悠久，而其中記載的對亂搞男女關係者處以宮刑，也足見其嚴厲程度。

自古以來，出軌做為一種傷風敗俗的行為，為人們所唾棄，受到強烈的譴責和嚴厲的懲罰。破壞和插足他人家庭的第三者，無疑也會成為眾矢之的。而在當今的社會，第三者頻繁地通過各種媒體進入人們的視野，更成為人們茶餘飯後的話題。在前文中，我分析了出軌男人的心理，以下，我們來探討和分析男人出軌三個主體中的第二個主體——第三者。

她們，也許只是誤入「狼坑」

「你若安好，便是晴天。」相信很多人都聽過這句話，可不知有多少人讀過一本同名的人物傳記，這本書寫的是著名建築師、詩人、作家林徽因。林徽因與徐志摩的愛情故事被世人津津樂道，然而其背後的故事又有幾人知曉？

《人間四月天》裡提到，徐志摩在英國求學時，與林徽因在倫敦相識，那時的徐志摩年僅二十四歲，卻已是兩個孩子的父親，結髮妻子張幼儀正懷著他的第三個孩子。在眾人眼中，林徽因可謂是民國著名才女，然而在當時的張幼儀心中，林徽因也許只是個讓她深陷痛苦的「第三者」而已。

不用說遇到三十八歲的胡蘭成之後，怦然心動、墜入情網、甘為第三者的傳奇作家張愛玲，更不必說因為與美國總統柯林頓的桃色事件而成為當時世界知名小三的陸文斯基。

這些人大多被冠以「狐狸精」、「騷浪賤」、「綠茶婊[註5]」等惡毒的代號，但也不乏流芳千古、廣為人知的奇女子。依我之見，一個女人是否會成為第三者，與其才華、品質、價值追求、受教育程度等沒有必然的聯繫。生活中、小說裡、銀幕上，第三者無處不在。

按照我的理解，第三者可分為兩種：一種是陷入感情的漩渦後才知道對方有戀人，即被動型第三者；另一種是知道對方有戀人仍會主動出擊、不達目的誓不甘休的主動型第三者。兩者之間最大的差別是，前者有些身不由己，後者卻是明知故犯。

馮小剛導演的電影《非誠勿擾》裡，舒淇飾演的梁笑笑就是典型的被動型第三者，在與已婚男人相戀後，才發現對方已有家室。想要抽身時，卻發現自己已經動了情、入了心，在小三的路上難以回頭。對於愛情，梁笑笑可以說是弱智、明智兼具，她矯情又愛裝受害者，在一段失敗的愛情裡沉溺。不過，幸運的是，最終她也收穫了一份美麗的愛情，當然，前提是跳出了小三的深淵，找到真正的良人。

另一部古裝愛情魔幻電影《畫皮》中，九霄美狐小唯則是典型的主動型小三。當看見佩蓉與王生的愛情時，她的內心產生了渴望，因羨慕、嫉妒而成恨，終於要不擇手段奪得王生的心。對小唯來說，她的愛就是得到，不能分享，只要我想要，就絕不會得不到。這是一種病態的渴望，一種愛病成癮。

插足，可能只是為了「追求震撼」

很多人同情被動型第三者，覺得她們沒有錯。最初她們也是本著男未婚女未嫁的心態和一個「單身」的男人開始一段美好的愛情之旅，誰料會成為愛情中的第三者。

有的被動型第三者得知真相後傷心退出，有的則選擇委曲求全。選擇委曲求全的人明知自己做出了錯誤的選擇，但卻因深陷愛的泥沼不能自拔，只能一邊忍受著強烈的罪惡感、內疚感和恐懼感，一邊戰戰兢兢地享受著偷來的愛情，生活迷茫不知歸路。

至於主動型第三者，她們不急於橫刀奪愛，對她們而言，源動力或許是發自肺腑的愛意、別有用心的陰謀，又或許是揮霍不盡的錢財、令人豔羨的權力。她們享受著當下，放眼未來。或許她們認為競爭才是愛，經過日復一日、鍥而不捨的競爭，勝利終將屬於自己。

她們或許也曾有過悲傷、沮喪、失望和歇斯底里，但是被疼愛、被包養、被許諾，會讓她們暫時止痛、麻木自我，甚至我行我素、不管不顧，任由畸形的戀情在陰暗的角落裡野蠻生長。而假若有一天，她們成功上位，得到自己渴望的一切時，內心卻又未必如當初期望的一般欣慰、平和、淡定。

二十世紀六〇年代～七〇年代，美國密蘇里大學人類學家拿破崙・沙尼翁（Napoleon A. Chagnon），對一個印第安部落開展了一次調查。他發現妻妾成群的男人在當地都是以無畏勇武聞名，這些男人擁有的子女也比老實本分的同族人要多得多。沙尼翁由此得出結論，在人類的繁衍中，「好鬥」基因占據了上風。

學者們對人類大腦化學物質和基因的研究，證實了沙尼翁的猜測：人類容易受利益的驅動去尋求刺激，有的人越是刺激就越興奮。心理學家把這類行為稱作「追求震撼」。追求震撼可能帶來生理、社會或錢財等方面的風險，同時刺激也將伴隨風險而來。這也就是為什麼有些第三者「明知山有虎，偏向虎山行」。做為第三者插足別人的感情，能滿足他們最原始的衝動，讓他們享受到刺激的情感體驗。

讀大學時，我所在的系有位叫莫姍的女孩，她有個響亮的外號，叫「三小姐」。而這個外號的由來，也頗有幾分傳奇，因為這女人似乎對當第三者插足別人的感情有一種執念，仗著有幾分姿色，專挑那種有女友的男生下手，到手之後再甩掉。她似乎並不享受戀愛的感覺，只是追求那種刺激震撼的體驗。

美國聖路易士大學的馬修・克羅伊特爾（Matthew Kreuter）所做的調查表明，即使人們完全清楚某些不健康的，甚至是玩命的作法所包含的巨大風險，仍樂此不疲。生活中那些主動型的第三者正是為了追求這樣刺激的情感體驗，而演繹出一段段「飛蛾撲火」似的愛情，並最終以絕望和無奈收場。

樹立正確的愛情觀，為愛克制

當今社會，人們對第三者褒貶不一，在時代的衝擊下，社會也在不斷調整著婚姻道德倫理觀。不過，這並不意味著人們可以隨心所欲，更不意味著婚姻道德倫理的無紀律性。相反，每個時代的婚姻道德倫理觀都應圍繞著社會的核心價值觀念，只有這樣，社會才能不斷進步。特別是在如今物欲橫流的大時代下，當金錢和欲望同時衝擊著整個社會時，當愛情婚姻被物質深深捆綁時，人們心中更應該堅守健康向上的道德標準。

不要因為尋求刺激，讓不健康的觀念顛覆你的人生。做第三者並不會讓你贏，會讓你失去你的尊嚴、價值、個性……你得到的是變質的愛情，那些通過欺騙和偷竊得到的溫情終歸是不屬於你的。人是感情動物，「君生我未生，我生君已老，君恨我生遲，我恨君生早」，這種相見恨晚的情感可以獲得理解，然而這並不能成為你放任自流、任性去愛的理由。

我曾讀過一篇關於奧黛麗・赫本（Audrey Hepburn）和葛雷哥萊・畢克（Gregory Peck）的愛情故事。他們相遇的那年，赫本二十三歲，派克三十六歲、已婚，愛情開始之時卻也是結束之時。兩個人彼此心懷情愫，卻又安分地過著各自的生活。其間，兩人分別經歷了幾次婚姻，卻從未互相表明過心意。憑藉著對緣分的尊重和對友情的信仰，他們將所有的愛與情都埋藏在了那個夏天的《羅馬假日》裡。

在赫本結婚的時候，他送給她一枚蝴蝶胸針做為禮物。之後，在四十年的光陰裡，任時光流轉，一直陪在她身邊的只有那枚蝴蝶胸針。

赫本去世後，派克去參加她的葬禮。送別她時，七十七歲高齡的他拄著拐仗，步履蹣跚，低下頭輕輕地吻了一下她的棺木，說：「你是我一生最愛的女人。」

十年後，八十七歲的他趕到蘇富比拍賣行，顫顫巍巍的，只為那枚蝴蝶胸針。四十九天後，他微笑著閉上了眼睛，乾枯的手握住那枚蝴蝶胸針，了無遺憾、安靜地逝去了。

大愛無言，彼此珍重，這份純粹的感情令人無限敬仰和動容。對於那些受困於三角關係無法自拔的朋友們，我要在本文最後送上一句《後會無期》裡的臺詞：「喜歡就會放肆，但愛就是克制。」

3 披上鎧甲，將小三掐滅在萌芽中

喜歡上網的朋友們應該對「實拍原配當街暴打小三」、「當街打小三扒衣」等標題不陌生。生活中，類似的悲劇層出不窮。影片裡互相糾纏廝打的女人們似乎完全失去了理智，衣不遮體，汙言穢語，置形象和修養於不顧，即使引起眾人圍觀也絲毫不覺羞恥。在這樣的打鬥中沒有勝利者，只會製造更大的悲劇。

前文主題圍繞男人出軌中的兩個主體——男人和小三，用心理解析的方式做了分析探討。以下則要探究女人們在被小三搶走男人之後的所思所想，並為遭遇男人出軌的女人們提供一些戰勝小三、保衛愛情的錦囊妙計。

在此要說的保衛愛情，指的是這個男人可能剛剛移情別戀，或許他只是偶爾一次的放縱，或許是因為你也有自身的問題，這個男人並沒有爛到骨子裡，你能夠理解並寬容他，同時渴望挽回屬於你們的愛情。

面對出軌的他，請冷靜！

二〇一四年八月十四日，在阿根廷上映了一部經典黑色喜劇《生命中最抓狂的小事》，這部電影裡的第六個故事一直讓我記憶猶新。故事講的是在婚禮上，新娘意外發現自己丈夫出軌的情婦就坐在賓客席上，兩人甚至還肆無忌憚地眉來眼去。情緒失控的新娘做出了各種瘋狂的舉動，包括奔向樓頂企圖自殺、與一個酒店廚子報復性地出軌等。最後，在經過瘋狂的宣洩後，兩人居然又奇蹟般地和好了，故事在兩人躺在蛋糕桌上盡情地親熱中結束，讓人哭笑不得又思考良多。那麼，面對殘酷的現實，女人們到底該保持怎樣一種心態呢？簡單地說，就是兩個字——克制，但能做到這一點的女人實在太少。

早在一九九五年，心理學家在對人格五大特質的分析研究中，就得出了女性具有更高的神經質（更低的情緒穩定性）的結論。另有心理學家在對三十六個國家的跨文化研究中，也同樣驗證了女性顯示更低的情緒穩定性。也就是說，女性在受到外界刺激，尤其是男友或老公出軌這種強烈刺激時，情緒上發生巨大波動是在所難免的。

「強者不是沒有眼淚，而是含著眼淚依然奔跑。」既然激動的情緒解決不了問題，何不轉移自己的注意力，將渴望挽回與憎恨背叛的矛盾心理暫時擱置，先冷卻當前劍拔弩張的局面，冷靜地選擇與他暫時分開？

只有當你能真正接受與面對對方出軌的事實，你才能心平氣和、理智從容地思考到底是什麼原因讓他出軌，並找到解決問題的方法。當你表現得冷靜堅強，使他看不到預期中的你的眼淚和怒不可遏時，他的內心才會受到觸動，他才會進行思考和反省。你在忍耐力和克制力的支撐之下，給予他時間和空間，才能讓他在深深的自責之中想起你的種種美好。

適當的不安分，是愛情的興奮劑

西方有一句古老的諺語：「上帝欲毀滅一個人，必先使其瘋狂。」在獲悉男友或丈夫出軌時，很多女人都會被激怒，做出一哭二鬧三上吊的行為，毫不顧忌後果。可想而知，這些極端的舉動除了彰顯你失去理智之後的軟弱和蠻橫，把家庭醜聞搞得人盡皆知，讓你的男人顏面掃地外，還會進一步激起他的逆反心理，毫無意義。

事實上，這時你最該做的是反思問題是不是出在自己身上，你是不是有以下這些問題：

一是魅力盡失。隨著戀情或婚姻的持續，很多女人會逐漸放低對自己的要求，身材發福，不再注重打扮等。其實這一點，可以學習日本女人——她們幾乎從不讓丈夫看到自己卸妝、如廁及露出各種「醜態」的樣子；不管結婚多少年，她們在丈夫面前都會儘量保持穿戴整潔、打扮嬌美，用美好的形象在視覺上讓丈夫對自己保持新鮮感。

二是激情不再。好不容易、戰戰兢兢吃到嘴裡的肉可以說是珍饈美饌，但讓你日復一日地頓頓吃海參鮑魚，估計不到一個星期你就會反胃想吐。同樣，對男人的要求來者不拒，久而久之，你的好對他來說就是理所當然的。另外，在我接觸到的感情失敗的案例中，有近一半是因為女人對男人無節制的管控，讓男人心生厭倦，感情一步步走向了終點。

三是安分過頭。人都是奇怪的動物，總是對刺激的事情更感興趣。

我有一位睿智的閨密純子，有一段時間，她的老公陳熙經常出差，而且一出差就幾乎音訊全無。純子偶爾半夜接到他的電話，總能從陳熙語無倫次的話語中判斷出他又喝醉了。擔憂之餘，純子也是又氣又恨。

後來純子也偶爾會詭祕地不見蹤影、失聯一整天，然後在朋友圈發一兩張與男性閨密的聚餐照，或者故作緊張地與某位帥哥老同學 Line 暢聊。堅信家裡紅旗不會倒的陳熙突然產生了危機感，注意力立馬集中到純子身上，各種主動關心討好、噓寒問暖的方法無所不用。

純子信心滿滿地跟我說：「這就叫欲擒故縱，當然，一定要建立在為愛情保鮮的基礎上，玩火自焚可是萬萬要不得的。」

說得也對，畢竟在中國男人的傳統思維裡，女人給自己戴綠帽子簡直就好比五雷轟頂，但偶爾適當的「不安分」卻不失為愛情的一種「興奮劑」。

沒有鬥不過的小三，只有做不好的自己

有中國人笑談：「郵局不努力，成就了順豐；銀行不努力，成就了支付寶；移動聯通不努力，成就了微信……老婆不努力，成就了小三。」我想說的是，沒有鬥不過的小三，只有做不好的自己。在展開愛情保衛戰的過程中，要深入分析問題根由，準確判斷「敵我態勢」，分清對象「見招拆招」，真正做到以智取勝。

我有一個閨密叫露露，她天資聰穎，膚白貌美，從知名音樂學院畢業後，就與心愛的學長結婚了。這對曾讓無數同學、朋友豔羨的神仙眷侶，在順利度過了七年之癢後，老公卻因為一次醉酒與新來的女同事滾床單，一步步跌進了出軌的深淵。

察覺到悲劇發生的那一刻，露露既沒有天崩地裂般的痛徹心扉，也沒有歇斯底里地去找老公對質或與那個女人來一場大戰，而是冷靜地反思自己為什麼在柴米油鹽醬醋茶中一點點丟失了自我，並決心重新做回最美好的自己。從那一天起，露露把注意力大部分都放在了提升自我上，她重拾多年不彈的鋼琴，開始練瑜伽健身，學習美妝和養顏……

終於有一天，露露重返母校舉辦個人的鋼琴演奏會，吸引了眾多粉絲前來。活動取得圓滿成功之時，她驚喜地發現老公已經悄然離開了那位膚淺、平庸的第三者，重回家庭和她的懷抱。

一步步改變你的不良身材、惡劣態度、暴躁脾氣和強烈的控制欲，從內到外提升自己的綜合價值，強大自己的內心，豐富自己的內涵，做好自己應該做的事，學會理解、尊重他，讚美他的付出。

「二十四史」之一的《後漢書》有云：「貧賤之知不可忘，糟糠之妻不下堂。」對大多數出軌男人來說，他內心並非不愛自己的女友、妻子，畢竟動了真心想拋妻棄子與情人逍遙快活、長相廝守的男人只占少數。

事實上，一段感情，若是那麼容易就被第三者插足，從側面也說明了這段感情本身就存在問題。所以，在此我希望大家在親密關係中，能做到及時發現問題，並找到適合兩人的溝通方式去解決問題，避免愛情悲劇上演。

4 小心你的閨密

提高警惕，一大波閨密正在向你靠近！有人說，閨密就是你永遠敢在她面前放肆的人，那種感情比友情更浪漫，比愛情更貼心。的確如此，李清照曾在〈如夢令〉中描繪過與閨密們一起喝酒玩樂，一群女醉鬼們搖船泛舟，驚擾到無辜野生動物還不知歸路的場景。曾經頻頻搶占頭條的朴槿惠，從總統到身陷看守所，起因正是她與「親如姐妹」的崔順實上演的一場讓人眼花繚亂的閨密干政門……

古今中外，閨密在女人的成長與生活裡一直扮演著好姐妹、化妝師、推銷員、腦殘粉、避風港、跟屁蟲、諮詢師等各種幾乎連父母愛人都難以扮演的角色。儘管她們在你孤單寂寞時能陪你盡情玩耍，你失戀難過時也能給你溫暖的擁抱和貼心的安慰，但如果有一天你發現看似對你推心置腹、和你無話不談的閨密，居然要搶走你心愛的男友，這時你該如何是好？

閨密如何成為情敵？當閨密要搶走你的愛人時，你又要怎樣應對？

閨密是潛藏的「粉紅病毒」？

心智培訓專家金穎老師在〈用心理學揭示閨密的真相〉一文中講到：「一方面，從我們被迫離開母體開始，每個人都在尋找一種回歸的親密，同性友情則是我們從家庭進入社會後率先建立起來的一種親密關係，其心理根源就是我們對親情和親密關係的補償與延續，表達了我們在適應環境的過程中尋求歸屬感的需要與滿足；另一方面，對女孩子來說，儘管異性友情可以視為同性友情的補充，又充滿著萌發愛情的奇妙未知，但仍然無法達到閨密的細膩與深入，畢竟異性之間有愛情的可能，所以異性友情或多或少都會在心底畫上一條警戒線，無法做到無限制地貼近對方，達到閨密之間的零距離。」所以，對女性來說，有一位情投意合的好閨密實乃人生之幸事，相互取暖，為夢幻的青春鍍上幸福溫暖、不可磨滅的色彩。

然而，在這樣一個充滿物欲而又浮躁的時代，不知道從什麼時候開始，男人們為了錢財忘卻情義，女人們為了愛情上演各種女人間的大戰，逐漸成了生活中隨處可見的橋段和故事。電影《失戀33天》裡，女主黃小仙曾經在窮困潦倒的時候，緊跟著閨密馮佳期到處蹭飯，馮佳期溫暖地對黃小仙說「我願意養你一輩子」；馮佳期曾經在酒吧跟人打架，黃小仙不顧形象，掀了桌子上去就跟人打；在黃小仙手機通訊錄「親愛的」這個分組裡，曾經只有男友陸然和閨密馮佳期……就是這樣一個自己恨不能掏心掏肺的好閨密，卻搶走了和自己相戀七年的男友，令人唏噓。

就像歌詞裡唱的：「一切就像是電影，比電影還要精彩。」我的好友香草和她男友沙漏在大學裡相戀，本科畢業後，優秀上進的沙漏進入了美國名校麻省理工學院繼續深造，香草則留在國內進入一個公司工作。從此，兩人天各一方、相距萬里，就連打電話、視頻也要兼顧著時差帶來的影響，彼此忍受著遠距離戀愛的相思之苦，但也依然情比金堅、甘之如飴。

突然有一天，香草得知閨密芥末的公司要去美國東部城市十日遊，而且還要在波士頓逗留兩天，香草便想著趁這個機會，精心準備一份禮物，托芥末帶到大洋彼岸，送給自己的愛人，以表相思之意。

然而，一個月之後，香草在無意中居然從芥末手機裡看到了她和自己男友在昆西市場琳琅滿目的商鋪前、風景秀麗的查理斯河畔幸福的合影，她整個人頓時驚呆了。一查到底，最後真相大白——儘管時間很短，但閨密芥末和沙漏就是如此狗血地擦出了愛情的火花，乾柴烈火般地在一起了。

這種閨密搶男友的悲劇頻繁發生，不禁讓人反思——閨密到底是女人情感的「堅強後盾」，還是潛藏在男女朋友之間的「粉紅病毒」呢？

閨密如何煉成情敵？

在調侃閨密搶男友這件事情上，有網友甚至戲言：「沒有被閨密搶過老公，都不足以談人生。」閨密雖好，可如果要挖你的牆腳，那也宛如生命中不可承受之重，讓你萬萬想不到，也萬萬不能接受。

那麼，昔日的暖心閨密到底是如何一路「潛伏」，成了你始料未及的情敵的呢？下面我們從心理學的角度出發，一起分析探討其中的原因。

第一，相似而愛易理解。

具備高中化學基礎的女人們應該還記得物質的相似相溶原理，即分子間作用力的類型和大小相近的物質，往往可以相互溶解。既然能成為閨密，彼此在性格特點、興趣愛好等方面肯定有一定的相似性，正是如此，彼此才能更加緊密地融入到對方的生活中。所以有的女人說，閨密就像自己的影子一樣。你要接受這樣一個與你十分相似的人，其擇偶標準可能也與你相差無幾，也就是說，你們既然能夠喜歡上同一品牌的化妝品、同一款式的衣服和包包、同一口味的美食和菜系，那麼你們也可能會喜歡上同一類型的男人；其次，對於這樣一個既像你，具有一定熟悉度，但又新鮮感十足的女性，你男友會蠢蠢欲動，甚至移情別戀，也必然存在一定的可能性和合理性。

第二，近水樓臺先得月。

社會心理學研究表明，相似性、滿足性、接觸頻率、外貌吸引力、互補性等都是決定一個人最終選擇什麼人做戀人或伴侶的重要條件。所以，相似的人、住得鄰近的人、交往頻率高的人、外貌吸引力大的人、角色作用互補的人之間容易發生愛情。

把這個研究結論放到閨密與男友的交際關係中看，回想一下，在你和男友吃飯、逛街、運動、看電影、喝咖啡等各種場合，與你如影隨形的閨密是否也在場；你是否把你和男友戀愛中的點點滴滴都毫無保留地向閨密傾訴，或是把閨密的各種新奇故事和奇葩經歷當作飯後話題講給你男友聽；還有，你是否曾大度地讓你男友幫閨密保養愛車、籌畫假日旅遊攻略、辦理租房手續，或者修改文案、轉發幾條朋友圈等；甚至你是否還曾為了安慰閨密受傷的心靈，友好地邀請她來家中住一段時間，為男友和閨密各種單獨相處製造了機會……

無意識中，你以自己為媒介拉近了閨密和男友之間的時空和心理距離，讓他們接觸的頻率逐漸增多，相互的瞭解也日益加深，有些心思縝密的閨密甚至對你男友的喜怒哀樂、去向行蹤比你知道得都準確，再加上各種偶然因素的促進作用，閨密與男友互生情愫和好感也就在情理之中了。

你神經大條、後知後覺，任由好閨密「啃食」自己的愛情，還無私大度地為她點上三十二個讚，哪裡想得到，在「近水樓臺先得月」面前，什麼「兔子不吃窩邊草」，都是些浮雲。

第三，暗中較勁沒商量。

在生活中，很多對於天性敏感又和容易產生嫉妒心的女人，都希望閨密是讓自己感覺良好的參照物，同時還保持著「我希望你過得好，但最好不要比我更好」的心態。不管她們是否願意承認，閨密之間明裡暗裡一直在互相比較，從穿著打扮、身材容貌，到學識財富、工作優劣、人際關係，再到誰能找到知心伴侶。沒有對比就沒有傷害，無論閨密在哪個方面超越自己，或多或少都會讓女人感到惆悵失落，進而自卑焦慮，直至嫉妒抓狂。

曾看過一位心理專家對「龍蝦效應」的解讀。所謂龍蝦效應，說的是漁民在捕捉龍蝦時，一般不會給裝龍蝦的籮筐蓋蓋子。其實，龍蝦被丟進筐裡後是能夠慢慢爬出來逃走的，可是每當一隻龍蝦努力往上爬的時候，總會被下面的龍蝦給拽回去。

從某種意義上講，用龍蝦效應來解釋閨密之間的暗中較勁也不無道理。所以，既然閨密存在這種較勁心理，一旦你擁有一位稱心如意的男朋友或人生伴侶，且日復一日大秀恩愛狂虐單身狗，對於你仍然還是單身的閨密而言，搶走你最引以為傲的東西也許能夠給她帶來酣暢淋漓的刺激和快感。

當然，也不排除有些爭強好勝到心理扭曲的閨密，以搶朋友的男友為樂，不是為了真愛，甚至搶到了也不珍惜，目的就是要證明——即便是已經跟你在一起的男人我也能追得到，我就是比你強、比你優秀！

剖析完閨密是如何修煉成情敵的，若想知道該如何製備「愛情抗體」，將一切邪惡的火種澆滅在萌發之時，請看下一篇文章。

5 製備愛情抗體，對閨密版奪愛匪徒Say No

新浪網曾經以閨密為主題進行了一次調查，資料顯示，大部分女性認為完美友情占據幸福感的三○%~五○%，也就是說，幸福的三成到五成來源於與閨密好友之間的良好關係；不過，即使女人渴望擁有美好的友情，也有四成多的網友仍然認為愛情帶來的幸福感要大於友情；還有四六・六%的女人認為失戀的痛苦遠遠大於失去朋友或摯友。從這項調查可以看出，閨密是女人幸福感的重要來源之一，但是相比愛情而言，與閨密的友情仍稍顯遜色。

所以，對女人來說，被閨密搶走男友實在是一件悲痛萬分的事情——知心愛人劈腿瞬間變前任，貼心閨密狂挖牆腳一秒變小三。那麼，怎樣才能製備「愛情抗體」，讓「粉紅病毒」不再發作呢？以下，我們從女人與閨密的相處入手，一起來探討。

首先，你可以很天真，但不能真傻。

如果你天真地以為男友和閨密絕對不會做出對不起自己的事情，對三個人的交際關係發生的微妙變化毫無察覺，任由好奇心演變成刺激感，嫉妒心轉變為掠奪欲，那你真的就是傻白還不甜[註6]了。所以，在處理你、男友與閨密之間的交往和關係時，要多一分理性的思考，少一點感性的不羈；多一些個性的原則，少一絲任性的放縱。

比如說，你和男友的感情出現問題，尋求閨密的安慰和幫助理所當然，但頻繁地讓閨密以情感諮詢師的身分，深入地幫你去與男友單線接觸、調和矛盾，就有可能讓閨密成為你男友情感療傷期最溫暖的陪伴。

再比如說，你們一起出去聚餐、唱歌、喝酒、旅遊的時候，如果發現男友與閨密有曖昧的眼神交流、親暱的行為舉止，可以採取一些巧妙的措施，在避開風險的同時將隱患消除在萌芽狀態。例如你可以光明正大地在眾人面前調侃他們「不純潔」的友誼，讓大家捧腹的同時也能提醒大家監督他們；你還可以私底下分別與男友和閨密友好地溝通，鮮明地表達自己愛恨分明、嫉惡如仇的觀點，達到敲山震虎的目的。

我的學員米斯曾得意地跟我炫耀她如何成功地將「偽閨密」的那點小火苗掐滅，她說，自從她把男友小期介紹給閨密認識後，閨密就總是在她面前誇小期怎麼怎麼好，還總有意無意地問小期在幹嘛。

米斯一開始並未太在意，直到一天她拿小期的手機玩遊戲，突然蹦出閨密發來的一個訊息，內容是：「我明天約米斯逛街，你不會不放她吧？」雖然內容平白無奇，但女人的直覺告訴米斯，這個閨密心思不簡單，她不動聲色地用小期的手機給閨密回了訊息說：「我跟你逛街哪能他說了算，你太小瞧我米斯了，明天晚上七點，老地方見。」過了有兩三分鐘，閨密回了一句：「哈哈，屬你最牛，明天見。」然後米斯又拿著手機跟小期說：「你看，在她心中你這麼強勢呢，我逛街還得跟你申請，以後你在外人面前要多遷就我，免得讓他們以為你欺負我，其實你對我好著呢。」說完給了小期一個響亮的親吻，小期溫柔地看著她，輕輕刮了下她的鼻樑說：「都聽你的，我的小精怪。」不得不說，米斯真的是個聰明的小精怪。

其次，你們可以很親密，但不能零距離。

二十世紀六〇年代，美國著名社會心理學家扎榮茨（Robert Zaionc）通過一系列實驗驗證了「多看效應」，其主要觀點是，只要一個人不斷在自己的眼前出現，自己就越有機會喜歡上這個人。所以，不要讓閨密在本來專屬於你和男友的二人世界裡出現得太過頻繁。

就像之前提到的，我的好友香草，她和閨密芥末好得就像一個人，兩個人租屋住在同一間公寓裡。香草忍受著遠距離戀愛之苦，關掉和男友的視頻或電話，就剩下無盡的空虛寂寞冷。在苦苦思念的日子裡，香草把向芥末傾訴自己的愛情故事，做為緩解相思之苦的一劑良藥，而芥末日復一日地聽著香草和沙漏的故事，對沙漏從陌生到瞭解再到熟悉，甚至產生了莫名的好感——帥氣的外表、出眾的智商、對女友矯情撒潑的各種包容和體貼等，他完美地符合芥末的擇偶觀。

在生活中，每次沙漏聯繫不上香草的時候，芥末就充當起香草的緊急連絡人；偶爾香草和沙漏視頻聊天時，芥末也會很隨意地從攝像頭前華麗地出鏡，說上幾句俏皮的話，逗得三人哈哈大笑；在香草和沙漏鬧彆扭的時候，芥末還熱心地擔當起調解人的重任，主動給沙漏打電話溝通解釋……所以，當精心打扮的芥末揣著香草精心準備的禮物到達波士頓，並見到沙漏時，這兩個「最陌生的熟悉人」從相見恨晚到一見傾心，並一發不可收拾，其實兩天的時間足矣。

從香草還有其他女人被閨密搶男友的故事中，我們可以吸取很多教訓：每次與男友約會都帶上閨密作陪，會讓你的男友覺得不自在，這種不自在長時間被你漠視，男友會逐漸習慣有閨密的陪伴，如此一來，就為你男友和閨密進一步接觸甚至背著你滾床單埋下了伏筆。出於善意帶閨密回家長住，久而久之，閨密寬鬆的睡衣、凹凸有致的曲線、散發的另一種香味，以及換在浴室裡性感的內衣，都有可能喚醒你男友的意淫之心和欲望火苗，為男人「妻不如妾、妾不如偷」的心理提供想像空間，並最終自食惡果。當閨密需要男友幫助時，你可以一同前往，既能體現自己對閨密的關心，又能減少他們單獨相處的機會……總之，愛情的本質是自私的，你和閨密可以保持親密關係，但是要把握分寸，要知道零距離接觸可能帶來無止境的傷害。

再次，你可以有限炫耀，但不能無限地吸引仇恨。

從心理學的角度來看，每個人都有自我滿足的需求，而炫耀則能使自己感覺到高人一等，優越於他人，讓人感到自我滿足。李康在〈運命論〉中寫道：「故木秀於林，風必摧之；堆出於岸，流必湍之；行高於人，眾必非之。」這句話反映了一個通俗易懂的心理學原理：對於那些比自己更成功、優秀、受寵愛的人，人們容易產生嫉妒之心，而這種嫉妒之心通過怨恨、汙衊、中傷、詆毀、陰謀、暗害等各種方式爆發出來，能夠變相地滿足嫉妒者在情感上的需求，讓心理達到一種平衡狀態。

如果你一而再、再而三地在閨密面前秀財富、秀學識、秀恩愛，長此以往，閨密產生嫉妒心和破壞欲也不足為奇。另一方面，被優秀的異性欣賞更能滿足人們的自我價值感和虛榮心，如果你常常在男友和閨密面前講述對方的各種好，他們很難不對對方產生好奇心，而這好奇心往往就是促發愛意的特效春藥。換言之，經常在閨密面前毫無節制地無所不秀，那麼將加大閨密搶男友的機率。犯罪心理學表明，在公共場所露財，可加大他人犯罪的機率。

所以說，無論是為人處世還是談情說愛，都應該保持謙遜和低調，一個不想低調的人，內心必定是軟弱的、焦躁的、輕浮的，而當你收斂到心如止水，謙遜到恃才不傲，低調到韜光養晦，不需要任何語言和展示，大家就都能看到你的自信、美麗和幸福。

我寫這個主題的目的並不是引發女人們對閨密的猜測、質疑和疏遠，畢竟搶男友和丈夫的「壞閨密」只是極少數，大部分閨密還是讓人獲得幸福感的源泉。因此，希望通過對閨密搶男友進行心理學分析，幫助大家找到問題的根源並瞭解一些預防措施，避免悲劇上演。但是，如果你的男友已經和閨密在一起，你應該感到慶幸——感謝閨密讓你看清了男友的本性，也感謝男友讓你重新認識了你的閨密，所以，請不要悲傷，即使再痛苦也要裝出祝福他們的樣子，然後瀟灑地轉身離去。

有人說，面對一塊石頭，你若把它背在背上，它就會成為一種負擔，你若把它墊在腳下，它就會成為你前進的階梯。你完全可以把背叛你的男友、閨密以及那些狗血的劇情當作自己成長道路上的一段寶貴經歷，重整行囊、繼續前行，在追求真愛的道路上昂首闊步，因為，有心人天不負，真正屬於你的美好愛情就在不遠的前方。

最後，我想告誡諸位女人：害閨密之心切切不能有，防閨密之心也許有必要，請珍重自我、珍視愛情、珍惜閨密；不要讓自己從閨中密友變成奪愛匪徒，要用欣賞的眼光和祝福之心去化解奪人所愛之意和羨慕嫉妒之情。祝願天底下的閨密們都能友情天長地久，永無背叛傷害！

註5：綠茶婊：二〇一三年中國大陸的網絡新詞，由綠茶和婊子兩個詞組成，泛指外貌清純脫俗，實質生活糜爛，裝出楚楚可憐，但善於心計，靠美色吸引老實本分的男性付出物質或利益的年輕女子。

註6：傻白還不甜：傻白甜是中國流行用語，指天然呆＋皮膚白皙＋長相甜美的女孩。「傻白還不甜」指真的太傻。

Part 6

什麼！你還沒有男朋友

1 他不愛你，就別再上演愛的獨角戲

在感情世界中，幾乎每個人都遇到過這樣的問題：你全心愛著的那個人，卻對你的愛視若無睹，你們的生活就像兩條平行線，沒有交集，漸行漸遠。

這種愛而不得的殺傷力可以說是致命的，甚至可能讓我們質疑自我存在的價值，同時也會失去愛的勇氣。儘管曾無數次渴望能與喜歡的人兩情相悅，可以執子之手，與子偕老，但現實總是很殘忍，讓許多多情的女人一次又一次上演愛的獨角戲，身陷其中，不能自拔。

四種讓你喜歡上他的原因

鄧溪是我的一個學員，這女人顏值超高，無論是在路上，還是咖啡廳裡，被搭訕都算是家常便飯了。照理說，這樣的女人應該會桃花運不斷，應該發愁該怎麼拒絕絡繹不絕的追求者才對。可是，最近這女人卻愁壞了。

原來，上個月，鄧溪在一次聚會中，對好友的朋友咖卡一見傾心，回到家就茶不思飯不想，相思成病。後來，她好不容易鼓起勇氣，明裡暗裡地向他表達愛意，可是對方一直無動

於衷。鄧溪無奈地向我抱怨：「我怎麼就喜歡上了一個不喜歡我的人呢？」是啊，雖說蘿蔔青菜各有所愛，但我們為何就獨獨對那棵「倔強的蘿蔔」情有獨鍾呢？

我很喜歡莫文蔚的一首歌〈他不愛我〉，正如歌詞裡唱的：「他不愛我，儘管如此，他還是贏走了我的心。」這就是陷入「我愛的人不愛我」這類情感問題的人的真實寫照。

這些情感問題引發了很多人的思考，心理學家們對於愛情中的「吸引」做了一個總結，即喜歡上一個人的原因大致有四種：

第一種是時空接近效應。簡單地說，就是你會喜歡上那些出於偶然和你有較多接觸的人，就像鄧溪一樣，偶然間接觸了朋友的朋友，並一見傾心。

第二種是相似性。相比那些在各方面都和你有一定差距的人，你更容易喜歡上一個和你有相似態度和價值觀的人，就像學員葉子曾無比驕傲地對我說：「我跟男朋友能相戀，絕對是因為我們有共同的人生理想，我們的心願都是吃遍天下美食，平時最大的愛好就是探尋各種美味餐廳和飯館，然後一一品嘗，你說我們是不是一對完美ＣＰ。」

第三種是互惠式好感。一般來說，我們會喜歡那些表現得喜歡我們的人，這個應該不難理解，生活中，被對方的執著和愛所感動，然後決定牽手的例子屢見不鮮，所以很多人會覺得日久生情的感情更可靠。

第四種是外表吸引力和好感。所有外貌協會ＶＩＰ會員的女人們都屬於這一類型，外表好的男性絕對是她們的最愛，而且，用「一見鍾情」和「一見傾心」來形容這種感情應該會很合適。

對他有足夠的刺激，才會有以後

瞭解了喜歡上一個人的原因之後，你是否對自己心生愛意的動機更加清晰了呢？接下來，我們繼續分析鄧溪的案例——她喜歡上的男人為何就是不喜歡她？

早在一九八七年，美國心理學家默斯特因（Bernard Murstein）就提出了戀愛三階段的理論，即SVR（Stimulus, Value, Role）理論，這個理論主要是以階段論的方式探討親密關係如何發展。默斯特因認為親密關係的發展，依雙方接觸的次數多少，可分為刺激（Stimulus）、價值（Value）、角色（Role）三個階段。在刺激階段，雙方第一次接觸的時候，被對方的外在條件所吸引，如外貌、身材、名聲等；在價值階段，對彼此的吸引力建構在雙方的價值觀和信念相似的基礎之上，並且建立感情上的依附；在角色階段，個體能否扮演好在此關係中對方所要求的角色，是彼此建立承諾的關鍵。

依照這個理論，我們不難看出鄧溪的問題出現在第一個階段，刺激階段。咖卡對鄧溪形成了足夠的刺激，鄧溪著急想要進入下一個階段——價值階段，她已經迫不及待地想要瞭解咖卡。可是，她對咖卡並沒有形成足夠的刺激，因而咖卡才會無動於衷。

你大概會問，鄧溪這麼美，為什麼還刺激不到咖卡呢，這說不過去吧？其實就像不同人對食物有不同的喜好一樣，我們對異性也都有自己獨特的審美，也許你覺得好的美的，另外一個人卻不屑一顧。所以，鄧溪的一見鍾情最終變成了悲催的單戀。

然而，還有些女人非常幸運地和喜歡的人完成了第一階段，滿心歡喜地進入到第二階段，卻在憧憬未來能幸福牽手之時，發現兩人很多想法和觀點完全不在一個頻道上，人生觀、價值觀、愛情觀相去甚遠，溝通越來越累，矛盾越來越多，彼此之間的舒適感也逐漸下降。終於，一方開始厭倦，關係持續惡化。最後，一對準情侶就此各自走天涯，在步入第三階段之前，感情戛然而止。

吸引他，不要追求他

如果你喜歡的那個人不喜歡你，你該怎麼做呢？這可真是個讓人頭疼的問題。如果繼續表達好感，會讓他覺得自己在死纏爛打，真是顏面掃地；就此放棄又不甘心，覺得好不容易遇到一個喜歡的，怎麼能輕易放手。

看過《小王子》的人應該都知道，儘管玫瑰更像一個蠻橫任性的女孩，而狐狸更加真誠、聰慧，但故事的最後，小王子還是選擇了那個虛榮驕傲、口是心非的玫瑰。

你可以愛上任何一個人，但卻沒權利強迫你愛的人以同樣的方式來回報你。你愛的人不愛你，並不是說你不好，也無關你出現的時間和地點，只是因為你不是他心中的那朵「玫瑰」罷了。

對於那些特別執著的女人，高曉松告訴我們：「生活不止眼前的苟且，還有詩和遠方的田野。」不要將過多的情感和注意力放在這樣一種不對稱的關係上，不要因此自暴自棄，更無須偏執地用「跪舔」和百依百順來贏得他的心。他不喜歡你，也許是跟你性格不合拍，也許你不是他喜歡的類型，也許緣分未到，也許還有其他的也許。而你需要做的，就是調整好自己的心態和情緒，依舊充滿信心地去過好自己的生活，努力提升自己的價值，讓自己變得更加優秀、美麗和知性。你若盛開，愛人自來；你若精彩，天自安排。

佛曰：「有求皆苦，無求乃樂。」曾經，有一個人為了得到美麗的蝴蝶而絞盡腦汁，他買來各種工具，追逐奔跑了很久，終於在氣喘吁吁、大汗淋漓之後抓到了幾隻。可是，蝴蝶在網子裡恐懼掙扎，毫無美麗可言。一有機會，蝴蝶就會飛走，這叫「追求」。另一個人也很喜歡蝴蝶，他買來幾盆鮮花放在窗臺，細心又耐心地養好它們，然後靜靜地坐在桌前看書品茗。不久後，翩翩起舞的蝴蝶循著花香不引自來，這就叫「吸引」。

追求是從自我的角度考慮，忽視了事物內在的微妙規律，所以常常事與願違，而吸引則是從完善自己、超越自我的角度出發，平心靜氣、修煉心智。待你做好自己，那個你曾經喜歡的人可能已經成為過眼雲煙，而真正適合你的小王子也許關注你已久，只待與你牽手了。

女人們，請記住——做好自己，一切美好都會隨之而來。愛一個人是幸福的，不要讓愛成為你的負擔。

2 你的他，也許不是最愛，但一定要最合適

俗話說：「男大當婚，女大當嫁。」在古代，嫁娶也有婚年和季節的要求。從年限來說，「男子二十曰弱冠」、「女子十五許嫁而笄」，也就是說男子二十歲、女子十五歲就可以婚配了。從季節來說，人們通常在萬物復甦的春季或農閒的秋冬婚嫁。那時，由於種種條件的限制，盛行早婚，無論男女，一旦過了婚嫁之年限或嫁娶之季節，都稱為「失時」。尤其是女子，由於適合婚配的年限要比男子短得多，她們意識深處潛藏著失時的焦慮，體現出強烈的盼嫁意識。

古代女子整個適婚期都在思春盼嫁，而當今臺灣社會，女性的法定婚齡為滿十六歲，但在大城市，二十五六歲結婚都算是早的，那些過了三十還沒結婚的女孩，則被冠上一個「優雅」的外號——剩女。

怎麼就把自己剩下了呢？

早在二〇一一年，有統計資料顯示，北京、上海等大城市的「剩女」已經超過五十萬，媒體曾高調宣布「剩女時代」的到來。曾風靡一時的美劇《慾望城市》入木三分地揭示了美國當代單身女子的現實生活，而中國版的《慾望城市》——《好想好想談戀愛》也從某種程度上反映了中國當代「剩女」的生活。

在劇中，女主角們不是不想談戀愛，她們甚至比任何人都渴望愛情。她們在學識上可以與男人一較高下，有固定的經濟來源，甚至比男人的收入更高，投資也不在話下，自己的朋友圈豐富多彩，生活十分充實。既然如此，為什麼當她們以渴求的目光去尋找愛情時，卻發現毫無頭緒，只能是「無可奈何花落去」「小園香徑獨徘徊」呢？

最近，我在整理學員資料的時候，猛然發現一個之前從未留意過的現象——學員中竟然有三分之二是大齡未婚女性，其中有幾位四十多歲的女學員正因各種相親不順感到困惑，幾乎要放棄追求愛情的最後一絲念頭了。

我在勸慰她們「不拋棄、不放棄」渴望愛情的信念時，也在思考，她們怎麼就這樣把自己給剩下了呢？

一回頭，青春都餵了狗

學員藍依今年三十九歲。她說：「玲瓏姐，你可能覺得不可思議，像我這樣年紀的女人，居然只談過一場戀愛，還是在二十五歲那年。」

老實講，我確實被嚇到了，腦海中冒出來的第一個想法是，這麼多年的漫長歲月她究竟是如何度過的？難道真的如同民謠歌手貳佰在〈狗日的青春〉裡唱的那麼酸楚和無奈：「一回頭，青春都餵了狗。」

後來我瞭解到，藍依出身於一個無愛的家庭，在記憶中，她從未見過父母和諧共處的樣子，生活充斥著冷戰與爭吵。直到她十八歲成年，父母終於決定放過彼此，離婚後各自生活。長大後的藍依對愛情並沒有太強的憧憬，也許是因為童年的陰影太大，在她的觀念裡，愛情是遙不可及的，「執子之手，與子偕老」這種場景只會出現在偶像劇裡。

抱著這樣的信念，藍依邂逅了生命中的第一個男人，儘管這個男人很愛她，她自己感覺也還不錯，但最終還是以分手告終。分手時，男人對藍依說了一句讓她至今都無法忘記的話：「你不願意住進我的心裡，也不曾讓我走進你的心。」

當時的她不以為然，覺得不愛就是不愛，何必找些冠冕堂皇的藉口。經歷了短暫的恢復期後，她不再糾結於愛情，將重心轉移到工作上，從此愛情與她無關。直到某一天，她一個人逛街時，發現和自己年齡相仿的女人都手裡牽一個，懷裡抱一個。她突然發現，就算自己現在想生孩子，都已是高齡產婦了，多麼可怕，關鍵是她連個對象都沒有！

於是，她又花了三年的時間來轉變自己的觀念。這期間，她也曾多次相親，直到最近，遇到一個各方面條件都跟自己差不多，也能聊上兩句的人。雖然沒有心動的感覺，但她覺得自己已經這個年紀，可以結婚就行了，愛情真的是她消費不起的奢侈品了。

我替藍依惋惜，雖說原生家庭帶給她的影響是巨大的，但如果能早些糾正自己的愛情觀、擇偶觀，也許她早已為人妻、為人母，一家人其樂融融地幸福生活了。

那麼，什麼是擇偶觀呢？

所謂擇偶，是指個人在社會規範內選擇伴侶。社會學認為擇偶的運作相當類似一個市場，選擇規則決定伴侶關係及其家人間的交換方式。擇偶的方式從舊時代的父母之命高於男女愛情，到如今愛情變成婚姻的基礎，而父母的想法降至不重要的地步，根據這個變化過程，我們不難得出一個結論：對伴侶的選擇是從無數有資格者當中去挑選的。

一般而言，影響擇偶的重要條件包括：身材相貌與體態、人格特質與氣質、聰明才智與才華、社會階級與地位、家庭背景、受教育程度、職業、年齡與財富等。

大部分「剩女」是在擇偶觀上出現了偏差，才導致自己被剩下——在少女時代，渴望韓劇裡那般完美的愛情，抱著寧缺毋濫的態度挑三揀四；走入社會後，開始尋找有物質保障的愛情，更增加了找對象的難度。隨著時光的流逝，又聽到越來越多的人暗諷自己「高不成低不就」、「心比天高，命比紙薄」，內心的苦楚無法與人說。

美國著名發展心理學家和精神分析學家艾瑞克森（Erik Erikson）認為，人的一生要經歷八個階段的社會心理演變，即心理社會發展，它主要包括四個童年階段、一個青春期階段和三個成年階段。每一個階段都有相對應要完成的任務，每個階段都建立在前一階段的基礎之上，這八個階段緊密相連。童年和青春期階段在此不做闡述，我們主要探討成年期的兩個階段，也就是第六和第七階段。

第六階段是成年早期，二十歲~二十五歲，人格特徵是獲得親密感並避免孤獨感。在這一階段，如果能成功獲得親密關係，就會形成愛的美德；反之，就會陷入孤獨寂寞的感覺。

第七階段是成年中期，二十五歲~六十五歲，是中年與壯年時期，從繁育期到各種能力都變得相對遲滯。在這一階段，若能避免過度自我專注，就會形成關心的美德；反之，則會形成自私自利的人格。

「剩女」們正好處於第七階段，但現實情況則是，有很多優秀的女孩仍舊困在第六階段，總是感到孤獨。孤獨感是一種消極的情緒體驗，若孤獨感在擇偶期持續存在，很可能導致她們對生活品質產生負面的認知評判，從而影響她們的主觀幸福感和心理健康。隨著年歲增長，當跨入第七階段時，等待她們的將是更深刻的迷茫和恐懼。

婚姻尚未成功，女人們仍需努力

要想結束待字閨中的無奈，真正能拯救你的還是你自己。而首先要做的，便是消除心理障礙，轉變以往不切實際的擇偶觀。如果作繭自縛，自己剝奪了自己愛與被愛的權利，只會讓孤單一直與你相伴。以下是給大齡女子關於擇偶的幾條溫馨小建議。

第一，更加樂觀地看待愛情。「愛要越挫越勇，愛要肯定執著，每一個單身的人得看透，想愛就別怕傷痛。」浪漫愛情不可能隨處可見，幸福的婚姻也不是唾手可得，保持積極樂觀的心態去面對愛情，拿出繩鋸木斷、水滴石穿的勁頭去尋找愛情，堅信通過鍥而不捨的努力一定能找到屬於自己的愛情。只有調整好了心態，才會過得自信，愛得從容，提高愛情的成功率。

第二，更加理性地選擇愛人。周圍的朋友今天告誡你：「心急吃不了熱豆腐，嫁錯郎對於女人來說如同跌入深淵，所以千萬不要為了結婚而結婚。」明天又規勸你：「結婚就是搭夥過日子，找個差不多的人就行了，這樣耗下去真的要孤老終生了。」

和小馬過河一樣，水深水淺只有你自己知道。保持正確的擇偶觀，不要將愛人過於理想化，學歷和年齡不是阻礙，身高和財富不是差距，相貌和有無婚史也不是問題。你可以多一些耐心，少一些挑剔；多一點寬容，少一點怨氣；多一絲真誠，少一絲傲嬌。不要奢求找到你最愛的人，也不要期盼最愛你的人趕緊出現，和你走向婚姻的往往既不是你最愛的也不是最愛你的，而是在合適的時機出現在合適地點的人。

第三，更加積極地面對生活。不要坐以待斃，有的時候主動出擊才能成就自己；不要總是在朋友圈向全世界展示自己享受單身的點點滴滴，可以明裡暗裡表達出對愛情的渴望；不要任由殺豬刀般的時光在你的身上刻滿痕跡，記得善待自己、呵護自己，因為男人們都是視覺動物，他們更喜歡比自己年輕的女人，哪怕只是看上去年輕。不要以為「願者上鉤」才是矜持的你應有的選擇，在這個開放包容的年代，你完全可以在咖啡廳、超市、候機處或逛街時偶遇很多看上去還不錯的男人，一個善意的微笑、一句簡單的問候、一次主動的「搭訕」，也許會讓你有意想不到的收穫。不要抵觸未知和不瞭解，因為除了親情，愛情和友情都是從陌生開始的。

托爾斯泰曾經說過：「幸福的家庭總是相似的，不幸的家庭各有各的不幸。」也有網友說：「現實終究是這般殘酷，女人可以與命運抗爭，卻無法與時間較勁。」是的，幸福的女人總是相似的，大齡未婚的女性卻各有各的故事。這些「雕蟲小技」不可能解決所有女人們的困惑和問題，這些建議只是一個努力的方向，或者說是拋磚引玉，希望能對某些女人有所裨益。

3 相似的價值觀，讓你們走到白頭

人們總說找對象一定要找價值觀一致的人，不然感情很難有結果。價值觀到底指的是什麼？為什麼價值觀不合的伴侶很難幸福？我們到底又該如何尋找價值觀一致的伴侶呢？這裡，我們圍繞價值觀來討論一下。

價值觀不合，是分手的最大原因

什麼是價值觀？大哲學家亞里斯多德曾經說過：「人生價值觀體現一個人的價值和思想行為。」其實價值觀是指人基於一定的思維感官而做出認知、理解、判斷或抉擇，也就是人認定事物、辨別是非的一種思維或取向，從而體現出人、事、物一定的價值或作用。而且，個人的價值觀一旦確立，便具有相對穩定性。

我們每天都要面對很多選擇，正是你的價值觀指引著你，幫你做出最優的決定和反應。價值觀就像是你生活中的風向標，告訴你生活應該朝哪個方向前進，幫你判斷這個方向是否和自己想要的一致，所以人們常說性格決定命運，選擇決定人生。那麼，是不是我們所有的選擇都是真正符合我們價值觀的呢？

我常聽到有些女孩在戀愛或結婚後，痛心疾首地感歎：「我以前真的不知道他竟然是這種人，不然我絕對不會跟他在一起的。」「我知道我們不合適，但我以為我們可以磨合得來。」「我一次次地妥協，也沒換來他的真心相待。」「我以為他會改變，但他卻一次次讓我失望。」

我們和一個人牽手的理由有很多，是寂寞難耐也好，是覓得真愛也罷，其初衷都是對美好生活的嚮往，但在感情破裂後，分手的理由多數是性格不合，價值觀不合。因不瞭解而牽手，因瞭解而分開，這又是為什麼呢？

我的朋友小鐘是位學霸型暖男，畢業後，他一路過關斬將，考進了中央部委。小鐘的父母都是公務員，從小就給了小鐘良好的教育，尤其是樂觀積極的母親深深地影響了他。眼看到了談婚論嫁的年齡，找一個價值觀一樣的女孩子，一起幸福地生活，做一些有意義的事，便是小鐘心底的願望。

一次開會的時候，小鐘認識了山東老鄉，也在國家部委工作的同齡女孩憶馨，而且憶馨的母親、姐姐也都是公務員。相似的地域文化和家庭環境，讓小鐘對這段感情充滿信心和期待。然而，相愛總是簡單，相處太難。漸漸地，小鐘發現憶馨對很多事情的觀點都與自己格格不入，比如憶馨覺得工作比家庭重要，主管和朋友的事情比親人的事情重要，生活的目標就是住寬敞的大房子、生病了住最好的醫院，要讓孩子接受最好的教育……對於工作極其上進的憶馨，經常加班熬夜，不光掉頭髮，內分泌也失調了，小鐘看在眼裡痛在心裡。

然而，對於小鐘要她愛惜身體的勸慰，憶馨常常是充耳不聞。並且，面對小鐘多次想將婚姻大事定下來的暗示，憶馨也一直委婉地表達「事業第一，其他第二」的觀點。漸漸地，小鐘發現與憶馨的共同話題越來越少，冷漠越來越多。

小鐘對此一直很困惑，直到有一天，一個細節解開了小鐘心中的謎團。

有一次週末，憶馨媽媽來北京看女兒，小鐘也過去相陪。午後，慵懶的陽光照進房間，憶馨剛放下手中的資料，媽媽就耳提面命：「你抓緊把要做的工作做完，考博士的事也要抓緊，本來你的專業和工作就不是很對口，再不多下點功夫，什麼時候才能升職？」

那一刻，小鐘從憶馨媽媽的話中清晰地聽出了兩人家庭教育的差異。相比於憶馨，在小鐘家裡，母親教育他要努力進取，但也要熱愛生活，家庭的溫暖永遠是成長和進步的源動力。

原生家庭帶給雙方價值觀的影響是深刻的、久遠的。半年之後，小鐘和憶馨和平地分手，儘管有些許遺憾，但也無可奈何。

在上面的故事中，無論是從家庭背景還是各自的工作來看，小鐘和憶馨都是非常匹配、理應幸福的一對，但最終卻因為價值觀不合而分道揚鑣。在文章開頭，我講到，大部分伴侶分手的原因都是價值觀不合，那為什麼會有價值觀不合這樣的問題存在呢？

家庭教育，讓你們形成不同的價值觀

精神分析學派創始人佛洛依德的人格發展理論特別強調童年經歷對人格形成的影響，重視原生家庭父母對兒童的態度，認為童年期發展的滯留和對人格的影響，將會在青春期和成人生活中體現出來，決定了人的性格和行為特點。許多研究也證實早期經驗對日後行為的影響，至關重要。

原生家庭是人們成長的初始環境，兒童最初形成的人格特徵，與家庭的初始教育關係極大。有資料表明，兒童的遺尿、厭食等神經功能障礙，情緒易變、恐懼、怯生等情緒障礙，咬指甲、扯頭髮等不良習慣，攻擊性、破壞性等行為問題，不同程度地與家庭初始的養育環境有直接關係。調查還發現，兒童的社會心理發育偏離與父母的文化程度、教育態度、教育方法、家庭氣氛有關。因此，家庭對一個人心理健康、性格和價值觀的形成有著不可忽視的影響。

中國青年報社曾對兩千人進行了一項調查，結果顯示，受訪者從原生家庭中主要繼承的是生活習慣（七九・六％）、價值觀（五六・二％）和待人接物的方式（五三・一％）。由此可以看出，原生家庭對個人的認知行為、個性，包括未來的整個人生有著多大的影響力。

就像我一位朋友，在與女友因性格差異過大而分手後，他回憶起兩人交往時的某個細節，才慢慢開始釋懷。他說，記得有一次聊小時候的事情，女孩說每次考完試，開開心心地拿著分數還不錯的試卷回家向父母炫耀時，父母都會嚴肅地告訴她：「你還可以做得更好，你要記住，每一次都要比上一次分數更高，這樣才能證明你是努力的，你的人生才有意義。」而朋友的父母則總是溫和而又讚許地誇他真棒，表揚他的進步和努力。

這也許只是一件微不足道的小事，卻反映出不同的家庭教育觀念，而經歷了不同的家庭教育，他們之間的性格差異也就不難理解了。無所謂哪種觀念更好，只是不同的價值理念和思維方式會讓兩個人話不投機、聊不歡暢。

十五個問題，找到價值觀相似的他

曾有人際關係專家指出，男人和女人如果在婚前沒有對一些與價值觀相關的問題進行深入溝通，那麼婚後出現情感問題的可能性較大。《紐約時報》曾列出男女應溝通的關於價值觀念的十五個問題，以幫助人們更有方向地尋找價值觀相仿的伴侶。大家一起來感受一下：

1我們是否討論過要不要孩子？如果我們想要孩子，那將來孩子主要由誰來照顧？

2我們是否清楚雙方在婚姻中所需要承擔的經濟責任和物質生活目標？兩個人在理財方面的觀念是否契合？

3我們是否討論過將來我們一家人的生活怎樣安排？是否已經在家務雜事的分配問題上達成一致？

4我們是否都向對方坦白了自己在生理和心理上的健康問題或病史？

5我的伴侶對我的愛是否達到了我所要求的程度？

6我們兩個人之間是否能開誠布公地討論雙方的性需要、喜好和恐懼？

7臥室裡是否放電視機？

8我們是否能認真地聆聽對方的傾訴，並且以平等的心態來考慮對方的意見和抱怨？

9我們是否十分清楚地瞭解對方的精神需要和信仰？是否討論過孩子在什麼時候將接受什麼樣的信仰教育？

10我們是否喜歡並且尊重對方的朋友？

11我們是否重視並且尊敬對方的父母？是否有一方擔心父母會干涉我們的婚姻？

12我的家人是否做過什麼讓你生氣的事情？

13有什麼個人習慣、愛好或東西是你或我在婚姻中不願意放棄的？

14如果我們之中有一個人將獲得一個很好的工作機會，但地點很遠，我們會搬家嗎？

15我們是否對另一方為自己所做的承諾有十足的信心？是否相信我們之間的關係可以經受得起任何考驗？

這些問題涉及面比較寬泛，大到金錢觀、愛情觀和人生觀的「三觀」，小到婚姻生活中的點滴細節。聽完這十五個問題，你也許會問，如果兩人有太多的不合，是不是光靠愛情根本無法支撐太久？

我有一個學員笑笑，男友在與她曖昧時，曾不止一次地跟笑笑表達男人花心很正常，不花心才不男人的觀念，而笑笑是個極重感情的人，嚮往「執子之手，與子偕老」的純美愛情。即使明知兩人的價值觀完全相反，笑笑還是一頭栽了進去。結果，兩人在一起不到一年，男友「意外」出軌，她為愛忍痛選擇原諒。隨後的三年，笑笑已經記不清男友出軌多少次了，但也許是斯德哥爾摩症候群發作，糾纏了足足兩年，笑笑也沒放棄這段感情，整個人憔悴不堪。

相愛容易相守難。我們往往因差異而互相吸引，又因差異而分開，相守的時光總是充滿了各種瑣碎之事，如果每一次都因為觀念不一樣而爭吵，再深的感情也會被一點點消耗乾淨。價值觀的不合，會讓兩人在愛情的路上漸行漸遠，唯有心心相印、念念在心，才會有「現世安穩、歲月靜好」的可能。那麼多曾經深愛過的人，到頭來卻轉身離開，有幾個是因為不愛？紛紛擾擾，更多的還是因為不能認同對方的價值追求、思維方式或是生活理念。

我相信，好的感情是可以把彼此變成更好的人，而價值觀一致的神奇就在於，你們有足夠多的共同話題，可以給予彼此滿滿的安全感，兩顆心能夠在不斷被認同、被回應、被欣賞中產生愉悅的共鳴。當然，我們不可能奢望找到與自己三觀完全一致的另一半，如果分歧不至於不可彌合，差異還未到無法調和的地步，那麼只要你們彼此心中有愛，能夠耐心磨合，相互寬容妥協，共同成長進步，就一定有望終成眷屬，白頭到老。

一言不合，友誼的小船說翻就翻，三觀不合，愛情豈不是說完就完？如果你們的價值觀還不夠相似，那麼請你們且磨合且珍惜，只要用盡洪荒之力，相信明天會有奇蹟！最後，我想說，世界那麼大，最好能找個三觀相合、興趣相投的伴侶，一起去看看吧！

4 當金錢成為擇偶的第一標準

金錢成為擇偶的第一標準合適嗎？之前我講過擇偶觀對大齡青年們找對象的重要性，當時只是講到了擇偶觀這個問題，這裡，我們就由淺入深，探討一下金錢在女性擇偶中扮演怎樣的角色。

你會喜歡上沒有錢的男生嗎？

記得幾年前，曾流行過這樣一句話：「寧可在寶馬車裡哭，也不在自行車後面笑。」對於這句話透露出的拜金主義，大部分人持譴責的態度，但也有人推崇。姑且不論孰對孰錯，我相信從心底來說，大部分女生都不願意被人評價為「拜金」。

也許單身的你只是單純地想：「我要找一個有經濟基礎，並且很喜歡的人來相伴終生，享受平淡的幸福。」乍聽這樣也沒錯，但如果你一不小心喜歡上的人，經濟條件根本不符合你的擇偶要求，你會怎麼辦呢？

曾經有一個女人向我哭訴：「我只想找一個優質靠譜男，真的就這麼難嗎？」

我問：「你怎麼定義『優質靠譜男』呢？」

女人不假思索地說：「得有經濟實力，事業有成，並且以結婚為前提跟我交往……」

我說：「所以你擇偶的首要標準就是要有錢嘍，喜歡不喜歡可以放在第二位考慮？」

女人非常認真地跟我辯駁：「不是，一定是要我喜歡，你也知道愛情需要光環，如果他事業平平，經濟狀況也不是特別好，又能靠什麼吸引我呢？」

女人義正詞嚴的解釋幾乎要讓我點頭表示認可了，還好我不是那麼容易被洗腦的人，克制住了。

其實說來說去，她的擇偶觀裡確實包含了愛情，但金錢占的比重更大，有錢是她接納一個人的基礎。就像我們在少年時代，被對方漂亮的外表所吸引而產生的愛情一樣，高大帥氣的男孩滿足了我們對愛情的所有嚮往，也是當時的我們接納對方的一個基礎條件。但正是這些預設的條件，恰恰可能會讓我們錯失美好的愛情。畢竟，當下經濟基礎不夠雄厚，或者不夠高大帥氣的男性未必不夠優秀。

紅顏一笑為了錢？

有人說，英雄一怒為紅顏，紅顏一笑為了錢。那到底是什麼原因讓越來越多的女孩將金錢放在擇偶標準中更加重要的位置呢？對於這個問題，現實中的討論不絕於耳，仁者見仁、智者見智，我從心理學的角度總結了女人擇偶以金錢為重的四點原因——天性使然、家庭壓力、理性選擇和三觀不正。

第一，天性使然。經濟基礎決定上層建築[註7]，也一定程度上決定著生活品質。我們每個人都嚮往幸福的生活，都希望擁有更堅實的物質條件，能夠輕鬆安逸地生活，這是人的共性，畢竟沒有人會無緣無故地選擇貧窮困苦。從進化心理學的角度講也是如此，女性身負繁衍後代的責任，基於母性，她需要有一定的物質基礎來保證自己能夠更好地撫養孩子成長。所以，當女性尋找與自己共同撫育下一代的男性時，往往會傾向於選擇那些擁有資源並願意把這些資源用在孩子和她身上的人。從這個意義上講，女性看重的是一個男人積累物質的能力和對她及後代投入精力的意願。也就是說，大多數女人對錢財的喜愛都來源於錢財所能帶來的資源，尤其是對下一代產生有益影響的資源，這與女人的生殖心理是相符的。

記得我的一位大學同學小青曾滿懷憧憬地說：「我的夢想就是一畢業就能從宿舍直接搬到和男友在北京的新家。」臨近畢業，家境不是很好的男友通過自己的努力和親友的幫助湊足了房子的首付款。當與小青異地的男友打電話過來，滿心歡喜地跟她規劃未來時，小青有些憂傷地說：「可是還房貸會影響我的生活品質啊。」男友說：「沒關係，房貸我來還，將來你的工資你留著自己花就好啦。」小青不依不饒地說：「可是你的錢本來也是可以花在我身上的，現在你都用來還房貸了，我的生活品質還是會受到影響啊。」男友依然耐心地寬慰小青。但小青的悲觀情緒久久不能平復，不時拿還房貸會降低生活品質的話刺痛男友，終有一天，小青收到男友發來的簡訊，然後就被列入黑名單了，簡訊寫的是：「那你還是找個能全款給你買房的男人吧，跟著我，你只能過苦日子，祝你幸福！」

眼看著異地三年仍舊相依相愛的一段感情馬上就完了，小青一下慌了，向我哭訴：「難道我說的不是事實嗎？還房貸本來就會影響生活品質，而且我從來都沒有說過不跟他同甘共苦一起還啊。」後來，通過小青的極力爭取，兩個人和好如初，並通過兩人的相互扶持和共同努力，過著安穩而又幸福的生活。

每每回想那段往事，小青還是會耿耿於懷，覺得自己沒錯，是男友太上綱上線[註8]。其實小青會有這樣的想法也算正常，她是出於本能，想過一種有一定物質基礎保障的生活而已，只是當時不善表達，刺痛了男友敏感的神經。話說回來，如果當時真的是衝著錢，後面也不會再主動求和並道歉了。

第二，家庭壓力。原生家庭對一個人性格特點的深遠影響是我始終堅信不疑的。同樣，家庭文化給予一個人的金錢觀也是刻骨銘心的。當年紅極一時的偶像劇《流星花園》中，女主杉菜的父母直言，送女兒讀貴族中學就是希望「釣個金龜婿」。生活中，杉菜的父母也無時無刻不給女兒灌輸這樣的思想。藝術來源於生活，現實中像杉菜父母一樣的家長大有人在。站在父母的角度出發，希望培養多年的女兒釣個金龜婿，嫁個如意郎，過上錦衣玉食的生活也無可厚非。但在這樣的家庭文化中，孩子以金錢財富為重的擇偶觀也就逐漸形成了。所以，身邊經常有女孩子說：「我媽要我找對象必須找有房有車的，否則不予考慮，母命難違，只能從了。」

曾有一位朋友留言給我，她說：「我曾交往過一個男朋友，他出身貧寒，但是非常上進，對我很好，而且工作也很不錯，但我爸媽嫌棄他沒錢，家境不好，逼著我跟他分手，還發動全家親戚輪流來勸我。後來因為媽媽生病，我實在不忍再讓她為我的事傷心，就忍痛跟男友分了手。現在我找了一個各方面條件都符合爸媽要求的男生，可我卻感覺愛情已經在我的生命中消失了，我已經不知道該怎麼去愛一個人，也不知道幸福的愛情生活應該是怎樣了。」

所以說，家庭壓力、父母旨意，分分鐘讓你的擇偶觀無錢不歡！

第三，理性選擇。我的閨密安夢出身於一個高級幹部家庭，從英國碩士留學歸來，學習金融的她立刻在證券業找到了一份稱心如意的工作。她的理想是利用所學的知識去創辦並經營一家新型企業，發展壯大一項產業，實現自我的價值認同。既有美貌，又具才華的安夢成為圈子裡單身男人們追逐的焦點，在這些優質男人中，安夢最終選擇了家境最優的偉澤。雖然偉澤不一定是這些男人中最愛她的，但安夢認為他們兩個結合能夠產生更強烈的化學作用，讓她既有實現心中夢想的強大經濟基礎，又找到了一位愛自己的男人。這應該也算得上是比較理性的選擇了。所以，有的女孩子本身家庭條件就比較優越，找一個同樣家境優越或更加優越的男人，不一定是愛錢及人，但至少是門當戶對。

前陣子，網友們在笑談北京的房價時，無厘頭地調侃道：「兩個北京土著結婚，相當於兩家上市公司合併。」的確如此，有的婚姻並不排除以理性的方式選擇合適的伴侶，去實現資源整合，強強聯手、互利互惠、壯大事業的目的。

第四，三觀不正。有的女人鍾情奢侈品牌，有了昂貴的香水、包包、鞋子、皮帶，感覺整個世界都明亮了，周身都彌漫著「豪」的氣質，走在路上精神十足，上傳照片到朋友圈也有面子了，因而總想著要找物質條件好的男人，來滿足自己虛榮好勝、貪圖享樂、迷戀奢華的欲望。

在愛情裡，勿忘追求幸福的初心

泰戈爾說：「鳥翼上繫上了黃金，鳥就飛不起來了。」越來越多的人開始意識到，有些時候，金錢無法買到幸福。因而有些女孩更希望男友有一定經濟基礎，同時也是自己喜歡的人，這樣的想法有錯嗎？

曾有心理學家研究過，當人們談論某個觀點的時候，未必是真的決定如此行為。有的女孩雖然表現出了對物質生活的嚮往，但其實她們在選擇愛情和婚姻的時候，未必會只看錢而完全忽略其他因素，這也是女孩們會希望男友能滿足經濟基礎和感情兩方面條件的原因。

有的女孩要選擇有房有車，有物質基礎的人；有些女孩要選擇溫暖陽光、貼心的人；還有女孩對伴侶的顏值和身高有著固執的要求。這樣一看，雖然她們擇偶的要求各不相同，但從某種角度上講，她們內心對愛情和婚姻的期待是一致的，她們都渴望愛情生活可以為她們帶來幸福。

很多時候，人們的選擇，無論是否符合道德規範，其實都為了滿足內心的期待和需要。拋開這些外在的途徑，人們想要實現的目標其實是相同的。所以，每當看到身邊的女孩在感情面前做出不同的選擇時，我不會去批判哪一種好或者哪一種不好，只要你覺得那樣的生活是你想要的，而且願意承擔這種選擇帶來的後果，你就可以在經過慎重思考後去選擇你想要的那個。如人飲水，冷暖自知，性格不同，選擇也就不同，只有你自己最瞭解自己的需求。

挪威作家易卜生（Henrik Johan Ibsen）有句名言：「金錢可以是許多東西的外殼，卻不是裡面的果實。」有錢可以是你愛一個人的理由，在自己的能力範圍內選擇更好的生活沒有錯，但你要問清楚自己是否有能力駕馭自己想要追求的那種生活。前段時間，著名自媒體人咪蒙在《有錢闊太的艱難生活》中生動而又形象地向我們展示了做為一名「有錢人的太太」的真實生活，除了上得廳堂下得廚房，她們的知識儲備和深厚內涵絲毫不比丈夫遜色。因此，追求物質豐厚的生活，本質是沒錯的，但你要問問自己是否有挖掘並駕馭金錢的膽識、勇氣和能力。

如果你的選擇讓你嘗到的果實是苦澀的，這時，不要忘了你的初心是對幸福的嚮往。

5 相親，也是邂逅愛情的一種方式

在這篇文章的一開始，我想問大家一個問題，中國古代的情人節有幾個？

肯定有很多人會想——農曆七月初七，七夕節不就是中國的情人節嗎？怎麼還問有幾個？在此呢，我就要給大家小小地普及一下歷史文化知識。在古代，儘管飽受「父母之命，媒妁之言」的封建習俗影響，但能夠讓青年男女專享的情人節卻不少，一般來說有三個：元宵、上巳、七夕。元宵、七夕自不必贅言，但上巳到底是個什麼節日？其實，上巳就是農曆三月初三，也就是傳說中王母娘娘開蟠桃大會的日子。

古時候，在上巳這一天，平日深藏閨閣的女子們紛紛出遊，她們在河畔嬉戲、賞花踏青，如杜甫在〈麗人行〉中所言：「三月三日天氣新，長安水邊多麗人。」而青年男子們也分坐在河的兩岸，在上游放置酒杯，酒杯順流而下，停在誰的面前，誰就取杯飲酒，以〈蘭亭集序〉中所說的「流觴曲水」的方式吸引意中人。如果雙方互有好感，則一起漫步，並以芍藥定情。這種古代相親的景象，就是現在想起來也覺得十分浪漫，充滿詩情畫意。

回憶性感，現實淒慘。現如今，各種相親節目異常火爆，各種相親活動受到高度追捧，都說明在這個男愁婚、女愁嫁的時代，相親做為一種無奈卻又直接的戀愛形式，已逐漸被大多數「單身狗」所接受。

那麼，相親中的男女到底是怎樣的心理？相親不成功的原因是什麼？怎樣才能從相親走到相愛呢？

相親失敗，可能是你心態不對

通常，人們去相親，不是因為難違父母之命，難辭親友好意，就是因為年紀增長，難堪心理壓力。在這種情況下，往往會出現情緒急躁、目的性很強、欲速則不達的不良效果。

德國心理學家曾做過實驗，在給細小的縫衣針穿線時，你越是全神貫注地努力，線越不容易穿入。在心理學上，這種現象被稱為「目的顫抖」或是「穿針心理」，指的是人都有這樣一個弱點：當對某件事情過於重視的時候，心理就會緊張，而一緊張，往往就會出現心跳加速、精力分散、動作失調等不良反應，也就是說人的目的性越強，反而越不容易成功。

另外，還有一部分人認為相親是一種落後的相識方式，在產生感情之前就急於瞭解對方的家庭背景、受教育程度、生活狀況等，沒有情調，也太過勢利。因此，大多數年輕人在被「撮合」去相親時，會抱著排斥的心理對相親對象挑三揀四，不願深交。這樣做不僅浪費了彼此的時間和精力，還進一步滋生了對談戀愛的抵觸情緒，陷入了「找不到—不去找」的惡性循環。

有一位三十多歲還單身的女學員就曾特別苦惱地向我抱怨：「玲瓏姐，我討厭相親，我的愛情不應該是這樣。相親讓我感覺自己像是貨物，被人挑來挑去，太沒尊嚴了。兩個成年人，為了有目的的談戀愛而湊在一起，講一些言不由衷的話，簡直太沒有意思了。這讓好不容易打破傳統觀念、追求婚戀自由的我，瞬間又有了一種被迫接受婚姻的感覺，我真是心有不甘。」

看到問題的深層次原因，才能更好地解決問題。與其一股腦地盲目抵制相親，不如儘早瞭解相親過程中心理變化的幾個階段，更加客觀地去看待相親。正在經歷或準備相親的女孩子們，從心理上可以分為以下幾個階段：

第一階段：本能抗拒。認為相親太封建，侵犯了愛情在自己心中的神聖地位。

第二階段：勉強接受。迫於各種壓力，屈服於事實，一開始相親時會感覺低於預期，並在沮喪中不斷地調整自己。

第三階段：越挫越勇。在多次相親失敗的打擊下，開始變得焦慮，凡是有與自己條件大致相當的，幾乎來者不拒。

第四階段：淡定自若。接受了相親也是獲得愛情的一種形式，心理進入平靜狀態，泰然對待相親。

如果女人們能瞭解相親的心理變化四階段，是不是可以改變心態，更理智地去面對相親呢？

相親無數，那人卻不在燈火闌珊處

有很多女孩會納悶，我既不著急忙慌，也不抗拒相親，為什麼卻相親無數，還是孤身一人呢？

相親和不期而遇的愛情有所不同。相親是在瞭解對方的一些「硬條件」後才開始的，先由「紅娘」介紹彼此的基本情況，而這些不外乎收入、學歷、外貌、工作、物質條件等。像購物似的，讓相親男女進入到一種追求最高性價比的模式。然而，對於相親對象是什麼性格、有什麼愛好、原生家庭如何等「軟資訊」，卻少有人關注。不期而遇的愛情往往是你先喜歡上一個人，甚至不知道原因就產生了愛意，進而想更瞭解他。

你可能聽過這樣的故事，一個家境富裕的海歸女碩士喜歡上一位一窮二白的農村小伙子。假如是相親，他們可能連相識的機會都沒有，然而，他們在生活中相遇了，情況就變了，也許她被小伙子的真誠憨厚和樸實勤勞深深吸引，而毅然決定要和他在一起。所以，面對同樣的一個人，相遇的方式不一樣，隨之而來的情感體驗是完全不同的。

二〇〇二年諾貝爾經濟學獎得主，以色列心理學和經濟學家丹尼爾・卡內曼（Daniel Kahneman）用實驗證明瞭人類的決策行為通常會偏離標準經濟理論所預測的結果，習慣依靠無意識的偏見和經驗法則行事。這大概可以解釋為什麼很多女孩子在第一次相親時會直接把對方pass，有時甚至說不出一個理由。

學員小小就是這樣，過慣了單身生活的她，對戀愛一直是隨遇而安的態度。有一次，小小實在耐不住朋友的軟磨硬泡，硬著頭皮去見所謂的優質靠譜男。回來之後，朋友興奮地問她感覺如何，小小眉頭一皺，說：「不怎麼樣。」朋友好奇地問：「哪裡感覺不對？」小小聳了聳肩，一臉迷茫地說：「不知道。」

其實，小小的認知機制還停留於自己滿意的單身狀態中，戀愛對她來說或者可有可無，或者沒那麼著急。在這種情況下，相親對象再好也無濟於事。

相親的技巧

客觀地評價，相親優劣勢共存，具有兩面性。相親如同吃速食般能快速果腹，卻難以顧及營養均衡；相親能夠快速地匹配男女雙方的「硬條件」，卻難以讓人在短時間內認識和發現彼此的「軟內涵」；相親不乏兩人相見恨晚和一見鍾情的情況，卻也難以擺脫兩顆陌生的心之間的「傲慢與偏見」。

其實，相親只是一種打開心扉的方式，一個追求愛情的開始。相親未必成功，但拒絕相親，也會失去很多機會，甚至還可能會錯過屬於你的白馬王子。所以，渴望戀愛和婚姻的女人們，面對相親時，你們應做到以下幾點。

首先，要保持良好的心態。以積極端正的態度去面對相親，可以挑剔，不可逃避，可以不積極，但不能完全放棄。要保持樂觀，堅信相親能夠能讓你在「閱人」的時候「閱己」，不斷從相親的失敗中總結反思，有過則改，無過加勉，讓每一次相親都成為你追求完美的墊腳石。有心人，天不負，滿懷期待、迎風飛翔的你也許在下一次就能遇到真愛。

其次，不要過於看重細節。在短暫的時間內，經過簡單的瞭解，兩個單身已久的人想要快速碰撞出火花簡直難上加難。所以，要多一點耐心寬容，少一絲吹毛求疵。

不要因為一句不經意卻令你反感的話瞬間對對方失去任何好感；不要因為偶然的一次遲到就判定對方習慣不守時；更不要因為對方不瞭解你的過往，無意中刺痛你柔弱敏感的神經，而將他列入黑名單。沒人能隨時隨地保持完美，何況是剛剛相識、互相並不瞭解的兩位「新人」。

只有平心靜氣地從多個角度、由外至內去瞭解，才能不斷地發現對方的優缺點，才能準確判斷對方與自己的匹配程度，以及兩人牽手的可能性。要記住，往往一輩子的錯過，就源於一次小小的過錯。

再次，掌握必要的相親技巧。講究方式方法、步步為營，才能提高相親的成功率。見面前要做足功課，盡可能瞭解對方的資訊，這樣，既便於你判斷兩人之間的相似性，也能為見面聊天時找到共同話題做好鋪墊。同時，梳妝打扮也很重要，根據不同的相親對象、不同的約會地點搭配不同的衣服、鞋子和飾品，精心做好準備。見面時，要保持心情愉悅和注意力集中，饒有興趣的傾聽態度、優雅得體的談吐和舉手投足間透露的涵養，也會讓你的印象分不斷提升。

最後，學會「變著花樣」去相親。相親是一種形式而非捷徑，是一種過程而非目的。不要拘泥於形式，也不要目的性太強地專注於結果。

學員檸檬在屢次相親失敗之後，不再相信一對一的約會相親，而是經常和一群志趣相投的人去旅行，久而久之，在行萬裡路的過程中，她結識越來越多人。在輕鬆的環境中，她能夠更自然地表達自己，在感興趣的事情面前又能展現出自己耀眼的一面。最終，她在一次登山時遇到了 Mr. Right。

如同檸檬一樣，若常規的相親方式不奏效，你完全可以換條路走，通過參加各類朋友的聚會、各種體育運動俱樂部、各種形式的興趣小組等，擴大自己的社交面和朋友圈，將「相親」蘊含於日常交際和生活之中，也許會收到意想不到的效果。

「條條道路通羅馬。」我相信，只要你在相親的路上不忘初心、勇敢前行，就一定能找到屬於你的愛情。

6 相親這樣聊，快速俘獲優質靠譜男

現在，已經有越來越多人加入了相親的隊伍，但同時也不斷有人失落地抱怨：「相親那麼多次，沒有一次成功，我已經快要絕望了……」其實，對相親有一定經驗的人都知道，相

親失敗的原因不外乎這幾點：對對方的外貌看不順眼，對方的身分背景不符合自己的預期，最重要也是最普遍的就是不知道怎麼聊天。

我們就來探討一下相親中到底怎麼聊才能讓氛圍更融洽，從而提高相親的成功率。

為什麼你們無話可聊？

大家都知道，相親是兩個陌生人以結婚為終極目標的第一次溝通。也許在這之前他們對彼此的基本資訊有一定的瞭解，但畢竟耳聽為虛，正式的見面才是一個互相瞭解的最直接途徑。在相親的過程中，有的人可謂一見如故，快結束了還意猶未盡，有的人則覺得度秒如年，內心期盼著時間快點過去，只因冷淡的氛圍讓兩個人尷尬症都要犯了，再不撤退，估計雞皮疙瘩都要掉一地。

那麼，為什麼有些人在平時的生活中能口若懸河，相親時卻無話可說呢？我總結了以下三點原因。

一是毫不感興趣、不想聊。

見面後，他從見你第一眼就覺得你不是他想要的，沒聊幾句，他就失去了興趣，你所講的任何話，他都覺得味同嚼蠟，甚至覺得是刺耳的噪音。如果有些紳士風度，他還會偶爾簡短地回應一下你的話，裝做饒有興趣的樣子聽著你滔滔不絕、唾沫橫飛，殊不知，他的心早已飛到了九霄雲外，或許正在幻想著如果面前這位女人是某某某就好了，如坐針氈的他只想趕快結束這無聊透頂的聊天。

對於這種情況，即使你使出九牛二虎之力，哪怕你擁有三寸不爛之舌、八面玲瓏之心也無濟於事，因為他的關注點不在你身上，所以你也不要期望通過說好聽的話來獲得他的關注，要嘛趁早結束，要嘛認真反思他對你不感興趣的癥結到底在哪裡。

二是話不投機半句多。

從落座到上菜，也許你們已經聊了不下三四個話題，但每個話題都是不了了之，因為你們打心眼裡不認可對方的說話方式和內容，為了避免聊天的火藥味太重，所以就乾脆換話題。不知不覺間，氣氛就變得越來越尷尬，再加上性格、知識面的差異，以及家庭背景、人生閱歷、興趣愛好、思維模式、表達方式等不同，冷場之後的尷尬讓兩個本來就不熟悉的人變得越發陌生。對於這樣的相親，你真的是心有餘而力不足。

三是寡言少語無話聊。

我有一個朋友叫小茉莉，她是我們這群朋友中最不愛笑、話最少的一個。前段時間她去相親，回來後跟我們說，這次她把相親對象給弄急了，因為從見面吃飯到結束，他們的聊天方式一直是男生問，她回答。後來，眼看著相親快結束了，男生忍不住問了句：「你為什麼不笑啊？你是討厭我嗎？還有，一直都是我問你答，你沒有任何想問我的嗎？」相親這麼多次，遇到這麼耿直的男人還是第一次。小茉莉連忙解釋說：「不是的呀，朋友都知道我不愛笑，我在生活中也確實很少笑。另外，我不主動問你，是因為我不知道該問什麼……」

感性地聊天，讓氣氛活躍起來

很多人好奇，到底如何聊天才能讓氣氛熱烈起來呢？其實很多人相親時在聊天話題的選擇上都太過理性，比如工作、收入、背景，因而雙方很容易進入一種冷靜的氛圍，但人和人之間的交往需要感情上的互動與交流，過於理性和有深度的話題會讓氣氛很難熱烈起來。

那如何才能讓氣氛活躍起來呢？

首先，要先避免一問一答式的聊天，要讓溝通變得更感性，減少理性對話，多用感性表達。就像小茉莉的相親一樣，一問一答會讓對方覺得很不滿。其次，要有幽默感。大家都知道，幽默是最好的聊天潤滑劑，方便你們進入融洽、輕鬆、愉快的聊天氛圍。

除了以上兩種方式，我重點向大家介紹一種聊天方式，來幫助大家在相親中更好地溝通，那就是「冷讀術」。

學員小佑最近跟我吐槽，前段時間跟小C相親，她覺得小C各方面條件都不錯，也很有紳士風度，對他的第一印象非常好。不過，她說在聊天的時候，他們居然聊不起來，不知道究竟是為什麼。

我讓小佑跟我大致說了下聊天的內容，瞬間就明白了，原來他們在聊天時，小佑習慣性換話題，天馬行空，想到什麼說什麼，也不管對方是否正說得興起，即便對方一直在說話，小佑也會不經意地打斷，繼續掌控聊天的主動權。男生被打斷了幾次之後，便不再講話，安靜地聽小佑講，等小佑講完，他也不再主動回應，小佑尷尬地撐著場面，最後狼狽地結束了相親。

說到這裡，你是否也有似曾相識的感覺呢？像小佑這種典型的話題終結者，說得好聽點是天馬行空思路飛快，說得難聽點就是沒有禮貌，不懂溝通的藝術。那麼，究竟要怎麼跟相親對象聊天呢？

日本精神療法師石井裕之出過幾本關於冷讀術的暢銷書，如《瞬間讓對方相信的說話術——冷讀術》、《為什麼算命師會受人信任？》、《商用冷讀術》，那什麼是冷讀術呢？

冷讀術，英文叫 Cold Reading，從英文字面上講，cold 有著沒有準備的意思，reading 有著讀心、揣測內心的意思。這個詞具體是指在剛與對方接觸時，就能從對方的服飾、髮型、語音等各種細節中察覺出對方性格方面的特點，讓對方覺得你非常瞭解他，從而讓對方對你產生濃厚的興趣，這種溝通技巧經常被心理醫生應用於心理治療中。

比如，「你是不是湖南人」，這是一句普通的問句，轉換成冷讀就是「你不是湖南人就是湖北人」。如果是普通對話，對方一定會回答「是」或者「不是」，但是用冷讀的方式，對方就可能會有很多種回答，比如「你怎麼知道的？」「莫非你也是湖南人？你是湖南什麼地方的？」「不是啊，為什麼你會這麼說？」「你猜得不對，再猜猜？」

這樣，話匣子是不是一下子就打開了？當然，判斷對方是哪兒的人，也不能信口開河，對於我來說，與不熟悉的人第一次碰面，一聽對方有口音，我就會自動地在腦海裡尋找與對方口音類似的熟人，大腦快速地篩查對比，找到類似的熟人，再根據這個熟悉的人的籍貫來判斷對方來自哪裡，準確度還是很高的。比如說東北人、廣東人的口音一聽便知，雲貴川口音接近，湖南湖北l和n不分也比較明顯，陝西人說話能讓你很快聯想到《武林外傳》裡的佟掌櫃……關鍵是要總結，平時總結好了，才能在意想不到的時刻用出來。

再比如，「你覺得自己的性格怎麼樣」，這是普通問句，轉換成冷讀就是「如果我沒看錯，你的人緣一定挺好的」。如果是普通對話，對方很可能會回答「額……這個我也不好自己評價」，或「我覺得我性格還湊合」。然而用冷讀的方式就不一樣了，對方可能會回答「啊！你是怎麼知道的」或「沒有，其實我朋友不多的」。

可能你已經發現了一點，那就是冷讀必須用陳述句，而且，冷讀是一種猜測。既然是猜測就會不準確，然而不準確並不意味著冷讀就失敗了。冷讀並不是讓你完全猜準對方的資訊，而是通過這種方式讓對方敞開心扉，主動告訴你更多資訊。當然，你也不能胡亂地去瞎猜瞎扯，而是要通過對方的衣著、談吐、話題內容等資訊使猜測更準確，就如同我剛才猜測對方來自哪裡的邏輯一樣。

再舉幾個例子吧。

比如甲問：「你多大了？」乙回答：「二十五。」然後，就沒有然後了。

用冷讀術將其換成陳述句的對話則可能是：

甲：「如果我沒看錯的話，你今年二十五歲吧。」

乙：「你怎麼知道的？」

甲：「好吧，我說實話，是別人告訴我的。」

乙：「誰告訴你的呀？」

話題就此打開。

再比如：

甲：「你一定很喜歡運動。」

乙：「為什麼這麼說？」

甲：「因為你看起來非常有活力。」

乙：「是嗎？我確實很喜歡運動。」

甲：「我覺得跑步、健走、各種球類，你應該都很擅長。」

乙：「其實，我就喜歡……」

這麼看來，要聊的話題簡直太多了，這根本就是停不下來的節奏啊，何來沒話可聊呢？

7 相親神器！一眼看穿男人心的冷讀術

怎樣才能掌握冷讀術，成為一位「讀心者」呢？主要有以下五個方面的技巧：

第一個技巧，精心準備，收集所有與他相關的訊息。

不用說「工欲善其事，必先利其器」，更不用說「磨刀不誤砍柴工」，如果能在相親之前做足功課，就能在見面聊天時得心應手。

我的好友文熙是一個細心的女孩，在與姨媽介紹的男孩澎澎相親之前，她就主動地去調查了澎澎家鄉的名勝古跡、地方美食，澎澎就讀的大學和院系，以及這所學校的特色專業和傑出校友，還有澎澎研究的領域和發表過的學術論文……

文熙說，現在網路這麼發達，相親前「人肉」一下對方的相關資訊，簡單又便捷，而且等到見面的時候，聊到這些與他相關的話題，一下子就能讓氣氛變得親切又不那麼陌生。就算聊天不夠默契，至少會讓對方覺得你很重視他，相親的成功率當然會提高。的確如此，其實只要你拿出十分鐘刷朋友圈的時間來檢索一下與他相關的資訊，預先考慮幾個他會感興趣的話題，見面之時，把握節奏和方式，根據他的回答進一步激發聊天的興趣點，就一定能越聊越投機。

第二個技巧，保持好心態，用解釋代替猜測。

冷讀術初學者最容易犯的錯誤之一，就是誤以為冷讀術就是「猜謎」。他們往往以為贏得對方的信任就是要讀出對方的心事，並向對方炫耀「怎麼樣？我很厲害吧」，然而在現實生活中，如果你以這樣的心態去與對方聊天，越是說中對方的心事，就越會讓對方起疑，只會引起反效果。畢竟冷不防地被素不相識的人猜透心事，任誰都會感到不舒服。因為感到不舒服，所以他不但不會坦然承認讀心者的能力，反而會對其心生反感，並心想「這傢伙一定用了什麼詭計，以為我會受騙上當嗎？」所以，為了贏得信任，絕對不能展現出那種自以為很厲害、得意揚揚的樣子。

第三個技巧，認真聽話，讓對方說他想說的話。

歸根究底，人最關心的終究還是自己。就像在職場上，很多主管就算是與下屬促膝長談，到最後也只會說自己想說的事，根本不會聽到下屬的心聲。對讀心者來說也是一樣，因為讀心者畢竟也是凡人，很容易不知不覺就忘我地說起自己想說的事。尤其是剛開始試用「冷讀」技巧的人，腦袋裡想的全是如何運用學過的技巧，根本沒有餘力將心思放在對方身上。然而，你想說什麼根本就無關緊要，重要的是讓對方說他想說的事。永遠不要忘記這才是身為讀心者的你所該扮演的角色。

讓對方說出他想說的事，對方自然會覺得心情愉悅，也就更願意提供各式各樣的資訊。更重要的是，當對方感受到你是真心願意傾聽他說話時，他便會感到滿足，然後才會有餘力聽你說話。你要懂得，傾聽是一種瞭解別人的方式，善於傾聽是一種與人交往的智慧。

第四個技巧，投其所好，說對方想聽的話。

當對方暢所欲言時，你自然會明白對方真正想要的是什麼，對方想要聽到你說些什麼。比如公司裡資歷較淺的同事來找你商量，說：「前輩，我寫了一份企劃書，在呈給經理看之前，能不能先請你給我一點意見呢？」你爽快地答應，看完後覺得如果再加上一些市場調查資料就更完整了。於是，你對這位同事說：「寫得還不錯，不過如果能補充一些市場調查資料的話，經理對你的評價應該會更好喔！」聽完，同事卻回答說：「嗯！但是我覺得這次的企劃案，並不是那麼需要市場調查資料啊。」

你好意提出建議，同事的回應卻是「但是……」。為什麼呢？因為不管你的建議有多中肯，對這位同事來說都是無關緊要的，這並不是他「想聽的話」。這位同事想聽的是：「真不賴！你寫得真的很好！」

所以，身為前輩，當資歷較淺的同事來向你請教時，在正經八百地思索如何才能讓經理滿意這份企劃書之前，你先要思考的問題是：這位同事想聽到我說什麼？做為資歷較淺的新人，唯有聽到他「想聽的話」之後，他才有餘力聽你的建議。

掌握了這個先決條件，你們間的對話可能就完全不同了，例如：

「真不賴！你寫得真的很好！」

「真的嗎？我想了很久呢！實不相瞞，我對這份企劃書還蠻有信心的。」

「的確看得出你很努力了。」

「嗯，不過，多少還是給我一點建議吧。」

「建議啊？讓我想想……嗯，如果再加上一點市場調查資料，經理對你的評價應該會更高。當然，我的意思是，如果你還有時間修改一下的話。」

「原來是少了市場調查資料啊，經理很在乎資料資訊對吧，而且下午才提案，應該還來得及！太謝謝了！」

工作中的橋段，在談戀愛中同樣適用，就好像女朋友或是妻子問你：「這件衣服好看嗎？」我想沒有男人會脫口說出心裡想的，一定都是先思考女朋友期待聽到什麼答案後才回答。

把冷讀術運用自如的祕訣也有異曲同工之妙，就是要養成一個習慣：在說話前永遠先思考「對方究竟想要聽我說什麼呢」，這樣固然很累，但是你的付出一定會得到回報的。當然，一味不顧原則地投其所好是要不得的，我認為，做一個好人永遠比說好話更重要。

第五個技巧，聚精會神，將對方視為獨一無二的人，對對方說的話表現出驚喜。

曾看過一些攝影師拍攝雪花放大N倍以後的圖片，結晶的雪花美到極致，讓人震驚。據說世界上沒有任何兩片雪花的結晶是一模一樣的，而且每個結晶的模樣，也就出現那麼一次而已。這聽起來的確非常驚人，但仔細想想，人不也是一樣嗎？世界上不可能有兩個長得一模一樣的人。不管再怎麼相像的雙胞胎，也一定有什麼地方不太相同。

如果與人相處時，我們能時時懷抱著這種驚喜感，認為這個人是世上獨一無二、無可取代的，就算沒有刻意表現或說出口，這股意識也會自然而然地流露在你的言行舉止中，對方會感受得到。

日語中有一句話叫作「一期一會」，意思是當下這個瞬間，僅此一次，不會再有第二次，沒有彩排，也不能重來。不管成功或失敗，喜悅或哀傷，每一個瞬間都是僅有一次的珍貴時刻。正因為如此，我們才更要全神貫注在這一瞬間。

在你面前的不管是什麼樣的人，都是世上獨一無二、無可取代的。雖然這世上的人有如雪花一般多，但不管你再怎麼尋找，在你面前的這個人都是唯一的一個。如果你能對這個事實抱著敬畏之心，不管對方是什麼樣的人，你都能立刻和對方建立起信任關係。

冰凍三尺非一日之寒，水滴石穿非一日之功。要想學會冷讀術，還需要慢慢地去領會、理解和提升內心，但掌握了上面五個技巧，相信你離成為一個「讀心者」就不遠了。當你具備了一個「讀心者」的溝通技巧，無論是在相親還是平常的人際交往中，你一定都能說得從容自如、聊得酣暢淋漓了。

註7：上層建築：是馬克思主義哲學概念，指建立在一定經濟基礎上的社會意識形態以及與之相適應的政治法律制度和設施等的總和。馬克思主義認為：政治思想、法律思想、哲學思想、文藝思想等意識形態諸種形式，通稱為是思想上層建築，其中經濟基礎是上層建築賴以產生、存在和發展的物質基礎。

註8：上綱上線：經常把一般問題、非原則問題，也當作原則問題看待、處理，使其顯現出特別的嚴重性。

LOVE 019

掰掰戀愛腦

作　　者—玲瓏姐
主　　編—李國祥
責任編輯—麥可欣
企　　畫—葉蘭芳
封面設計—兒日
美術設計—葉鈺貞

總 編 輯—李采洪
發 行 人—趙政岷
出 版 者—時報文化出版企業股份有限公司
一〇八〇三臺北市和平西路三段二四〇號三樓
發行專線—（〇二）二三〇六—六八四二
讀者服務專線—〇八〇〇—二三一—七〇五
（〇二）二三〇四—七一〇三
讀者服務傳真—（〇二）二三〇四—六八五八
郵撥—一九三四四七二四 時報文化出版公司
信箱—臺北郵政七九～九九信箱
時報悅讀網—http://www.readingtimes.com.tw
電子郵件信箱—genre@readingtimes.com.tw
法律顧問—理律法律事務所 陳長文律師、李念祖律師
印刷—盈昌印刷股份有限公司
初版一刷—二〇一八年一月十九日
定價—新臺幣二八〇元
行政院新聞局局版北市業字第八〇號

時報文化出版公司成立於一九七五年，
並於一九九九年股票上櫃公開發行，於二〇〇八年脫離中時集團非屬旺中，
以「尊重智慧與創意的文化事業」為信念。

掰掰戀愛腦/ 玲瓏姐著 ; -- 初版. -- 臺北市 : 時報文化, 2018.01　面 ;　公分. -- (LOVE ; 19)

ISBN 978-957-13-7292-1(平裝)

544.37

中文繁體版由北京鳳凰聯動圖書發行有限公司授權時報文化出版企業股份有限公司獨家發行。